Chicago Express

Pandora Lobo Estepario Productions™
Chicago 2019

Chicago Express

Álvaro Hernando

Copyright © 2019 Álvaro Hernando
Cover: Miguel López Lemus
Translator/traductor Various/varios
©2019 Pandora Lobo Estepario Productions™, publisher

All rights reserved. No part of this book may be reproduced in any manner without the express written consent of the Publisher, except in the case of brief excerpts in critical reviews or articles. All inquiries should be addressed to: Pandora Lobo Estepario Productions, 1239 N. Greenview Ave. Chicago, IL 60642

All rights reserved.

Primera Edición

ISBN—10: 1-940856-38-8
ISBN—13: 978-1-940856-38-4

Library of Congress Control Number: 2018967630

A Teo, mi hijo

To Teo, my son

Chicago Express

Chicago Express

Todo aquí es rápido y efímero,
en esta avenida Michigan
que se vacía igual que llena
por miles de hormigas-persona-caníbal.
Esta calle es una rama seca y sin raíz.
Cualquier día se la lleva el viento.
Cada vez que una hormiga cae, otra
ocupa su lugar en la fila, y otra
recoge su cadáver exquisito y todos
saben que ya tiene la cena asegurada,
sobre la acera, o el asfalto.
A veces me hago rama, avenida,
y se me suben por las piernas, tronco arriba
y yo, que sí tengo,
me agarro a mis raíces para no ser engullido
en esa marabunta salvaje, ni por el viento.
A la hora punta lo anegan todo como un rabión
y desaparecen por los sumideros de la city
en un torrente anónimo, hacia el metro
de la mitad de la tarde.
Todos se disipan.

El suburbano es un rayo maloliente,
debería ser una raíz hecha de ruido,
pero más que bajo tierra va por el aire
y rasga el sonido de la calle a media altura.
Le amputa a uno la tranquilidad,
como cosiéndole una cicatriz de barahúnda a herida vieja,
en un blanco y un gris y un negro estoicos,
dejándote cara de ver la tele antigua
sin colores; siempre huele a orín viejo.

Tiene mucho de tatuaje el aire en el Loop,
embriagado de música callejera, acelerada,
una aguja rasgando la piel del que camina,
haciendo surcos de los colores del blues,
sonidos que se pierden súbitos,

Chicago Express

Everything here is fast and ephemeral,
in this Michigan Avenue
that empties as it fills in
by thousands of ants-person-cannibals.
This street is a dry branch without roots.
Any day the wind could take it.
Each time an ant falls, another
takes its place in the row, and another
picks up his exquisite corpse and all
know that dinner is already assured,
on the sidewalk, or the asphalt.
Sometimes I become a branch, an avenue,
and they climb on my legs, up my trunk
and I, who do have them,
hold on to my roots so as not to be engulfed
in that wild marabunta, nor the wind.
At rush hour they drown everything like a rapid
and disappear in the canyons of the city
in an anonymous torrent, towards the metro
from the middle of the afternoon.
They all dissipate.

The city bus is a smelly thunderbolt,
it should be a root made of noise,
but more than underground it goes through the air
and rips the sound of the street halfway up.
It takes away one's tranquility,
like sewing a scar from bawdy to old wound,
in white and stoic grays and blacks,
leaving with a face to watch old TV
without colors; it always smells like rancid urine.

There is a lot of tattoo in the Loop's air,
drunken with accelerated street music,
a needle tearing the skin of the one who walks,
making grooves the color of the blues,
sounds that are lost suddenly,

luz en la nube de espejo y en el Lakeshore.
Es una semilla a la espera de lluvia,
que se clava y no germina,
como dentro de un zapato.

También hay coches, carros azorados, con grietas
que envejecen rápido bajo el ataque de la sal
y el óxido; gruñendo en cada curva
en cada atasco, agonizando.
Igual con los mendigos.
Es un acto vertiginoso subir a un taxi
lleno de agujeros, con un lago helado de fondo
y un par de homeless en el parqueadero,
que no sobrevivirán:
no hay muerte rutilante
a la velocidad pasmada del invierno
en la ciudad de las cebollas.

Las Jack-in-the-Pulpit crecen en un chasquear dedos
y con ellas sus rezos en el aire, plegarias aromáticas,
anunciando el calor y los barquitos amarillos,
que cosen por el río las miradas al skyline,
y al calor, y a sus perversos mosquitos,
que cuentan por palmadas sus desvaríos fulgurantes.
Estas flores son la catedral apresurada de Chicago,
reflejando un sol partido en colores,
en el interior de cada uno
de sus beatos feligreses
y de sus temporales peregrinos.

Hay cientos de colmillos clavándose en el cielo de Chicago
a la velocidad del sol saliendo
o de la noche iluminada por un hombre afanado en un regreso
como quien sabe que da lo mismo el tiempo
y solo cuenta lo que uno dura,
aunque dure, de manera expresa,
lo que tarda en disiparse el aroma de un café
esfumándose en la atmósfera congelada.

light in the mirror cloud and the Lakeshore.
It's a seed waiting for rain,
that sticks and does not germinate,
as if inside a shoe.

There are also cars, abashed cars, with cracks
that age fast under the salt's attack
and rust; snarling at each curve
at each obstruction, agonizing.
The same with beggars.
It is a vertiginous act to get into a taxi
full of holes, with a frozen lake as a background
and a couple of homeless in the parking lot,
that will not survive:
there is no bright death
at the astonished speed of winter
in the city of onions.

Jack-in-the-pulpits grow at a fingers' snap
and with them their prayers in the air, aromatic prayers,
announcing the heat and the yellow boats,
that tread the eyes by the river gazing at the skyline,
and the heat, and their evil mosquitoes,
that count in claps their perverse ravings.
These flowers are the hurried cathedral of Chicago,
reflecting a sun split in colors,
inside each one
of its blessed parishioners
and its temporary pilgrims.

There are hundreds of fangs piercing the Chicago sky
at the speed of the sun coming out
or of the night lit by a man busied in a return
as one who knows that time is all the same
and only counts what one can last,
even when it lasts specifically
the time it takes the aroma of coffee to dissipate
vanishing in the frozen atmosphere.

Aquí la palabra es un grito, no hay susurros,
todo a doble tempo.
En este lugar acelerante el español y el inglés
han fornicado en diálogo silencioso
como abrazados a toda prisa
y han parido un primo bello del chilango.
Brilla y va muy rápido.

Todo es tan súbito en Chicago
que se hace recuerdo inacabado;

es la vida express.

Here the word is a cry, there are no whispers,
all at double tempo.
In this accelerating place, Spanish and English
have fornicated in silent dialogue
as if embraced in a hurry
and have given birth to a beautiful cousin of a chilango.
It shines, and it goes quite fast.

Everything is so sudden in Chicago
that is made into an unfinished memory;

it is life express.

Dependiente
(Visita a CityLights, San Francisco)

Todo huele a hogar
a casa
a dilación, hasta el dependiente
es Edgar
y habla poco español
todo es familiar
y no entiendo nada.

Las Luces de la Ciudad
siempre encendidas
-es amable-
me da un papel
-disquisiciones-
se hace estrías el tiempo
amanezco de nuevo
como a los seis años
descubriéndome la sombra entre los pies.

Emocionado
CityLights
y Ginsberg
desnudos
los hombres
las mujeres
-todos-
y deseo fumar, como Bukowsky
picarme la cara de viruela
pisar mis principios hasta que entren por las
estrechas
fisuras de
mis convencidos fundamentos.

Joder, cómo llueve
se me mojarán los libros
mi manuscrito
papel mojado

Clerk
(Visit to CityLights, San Francisco)

It all smells like home
like dwelling
of dilation, even the attendant
is Edgar
and speaks little Spanish
everything is familiar
and I do not understand anything.

The lights of the city
always on
-He is friendly-
He gives me a paper
-provisions-
time turns into grooves
I wake up again
about six years old
discovering the shadow between my feet.

Excited
CityLights
and Ginsberg
naked
the men
the women
-everybody-
I desire to smoke, like Bukowsky
poke my face with smallpox
step on my principles until they enter the
narrow
fissures of
my convinced principles.

Fuck, how it rains
my books will get wet
my manuscript
wet paper

palabras mojadas
se desordenarán
unas hundiéndose
otras flotando
algunas ahogadas
otras devorando tiburones
otras disueltas en el 261 de Columbus Av
Quién quiere ser Kerouak
pudiendo fumarse las comas y los puntos
sin importarnos nada más que a él y a mí
a mí y para mi.

La Tsingtao está caliente
voy a preguntarte -cómo te llamas-
este trozo de sueño me está despertando
y tengo ganas de encontrarte
Edgar no sabe mucho español
y además se llama Michael
pero es dulce y paciente
y tiene amor por lo que hace
amor
mojándose
diluyéndose
entre clientes.

wet words
they will mess up
some sinking
others floating
some will drown
others will devoure sharks
others dissolved at 261 Columbus Ave.
Who wants to be Kerouak
being able to smoke commas and points
without caring about anything but him and me
to me and for me.

The Tsingtao is hot
I'm going to ask you - what's your name?
this piece of dream is waking me up
and I want to find you
Edgar does not know much Spanish
and, besides this, his name is Michael
but he is sweet and patient
and he loves what he does
love
getting wet
diluting
between clients.

Dientes de tinta

Ahí me espera el bolígrafo
con los dientes afilados
como las miradas celosas
como las palabras huecas.

Anda prestándome la vida
regalándome palabras
encubriéndome silencios
pero con los dientes afilados.

Siempre me mira al cuello
por si bajo la guardia
nunca muerde la planta de los pies
ni las palmas de las manos.

El cuello, el cuello, el cuello
lleno de pequeñas marcas
fuentes de inspiración y de muerte
el cuello y sus dientes afilados.

El pequeño bolígrafo espera
en las baldosas frías del invierno
en la arena de las sábanas
en el moho del pan.

Ahí me espera el bolígrafo
con los dientes afilados
como las poesías dedicadas
como las palabras no dichas.

Ink teeth

Here the pen is waiting for me
with sharpened teeth
like the jealous looks
like the hollow words.

It goes lending me my life
giving me words
hiding my silences
but with sharpened teeth.

It always looks at my neck
in case I am off guard
it never bites the soles of the feet
nor the palms of the hands.

The neck, neck, neck
full of small marks
sources of inspiration and death
the neck and its sharpened teeth.

The small pen waits
on the cold tiles of winter
in the sand of the sheets
in the mold of bread.

There the pen is waiting for me
with sharp teeth
like the poems dedicated
like the words not spoken.

Treinta y nueve eclipses

La mano sobre el pudor.
El pudor en la mortaja.
La mortaja detrás de la vida.
La vida sobre la ausencia.
La ausencia antes que el olvido.
El olvido ante el silencio.
El silencio cuando el dolor.
El gemido tras el llanto.
La esperanza contra la fe.
La verdad desde el honor.
El honor sobre el veneno.
La víbora en una cuna.
La cuna bajo el poder.
La voz de la madre muerta.
El pan junto con el hambre.
Tus pechos junto a mis labios.
Los versos bajo los números.
La puerta sin cerradura.
Los muertos tras la venganza.
La luz bajo un párpado muerto.
Camille tras el cincel de Rodin.
La lava que limpia el suelo.
El bostezo ante la ciencia.
Bach dentro de un violoncello.

Thirty-nine eclipses

The hand on the modesty.
The modesty on the shroud.
The shroud behind the life.
The life over the absence.
The absence before the oblivion.
The oblivion before the silence.
The silence when the pain.
The moan after the crying.
The hope against faith.
The truth from the honor.
The honor over the poison.
The viper in a cradle.
The cradle under the power.
The voice of the dead mother.
The bread along with the hunger.
Your breasts next to my lips.
The verses under the numbers.
The door without lock.
The dead seeking revenge.
The light under a dead eyelid.
Camille behind Rodin's chisel.
The lava that cleans the floor.
The yawn in face of science.
Bach inside a violoncello.

La infancia sobre la arena.

El agua sucia de arena.

La sal de la sed para el agua.

La ceniza en el tiempo.

La palabra para el necio.

La mentira sobre el amigo.

El guiño del hombre tuerto.

Los amores sobre el fuego.

Las alas en el infierno.

La leche caliente en invierno.

La sangre sobre la nata.

La victoria del hombre muerto.

Las cometas en el cielo.

Una mano sobre la piel.

Tu nombre en un pensamiento.

Childhood over the sand.

The water dirty of sand.

The salt of thirst for water.

The ash in time.

The word for the fool.

The lie about the friend.

The wink of the one-eyed man.

The loves over the fire.

The wings in hell.

The hot milk in winter.

The blood on the cream.

The victory of the dead man.

The kites in the sky.

A hand over the skin.

Your name in a thought.

Rastro Negro

Chicago flota.

Es madera y aire.

En la Ohio, huecorrelieve,
la mujer es incrustada en los comercios
de una calle que es toda zanjas
y martillos, polacos, sombras vacías
como un bruno interior acre.
Y las aceras, obligadas a ir por la calle,
sacadas de la misma roca
talladas por canteros negros.
El aire suena a música, a palabras ásperas
y rugosas, volátiles sinsentidos,
como cicatriz muda,
como averno susurrante.

En la calle State hay un antro,
un café de carámbano negro.
Es una postal empapada,
es una promesa falsa
escrita con vaho en madera,
una caricia sajada, una cuchilla en la lengua.
Es una senda incorrecta,
un cruce inoportuno
de caminos y de encuentros.
A escondidas. Es de día,
los huérfanos van a la escuela
donde asentirán en silencio.

La Milla es siembra de pobres
argentados y sucios, de plata con alma de plástico;
del color de frío cielo.
Algunos sintecho se esparcen,
como orines en arena, por los subterráneos,
sin lamentos, como de paso por ellos.

Black Trail

Chicago floats.

It's wood and air.

On Ohio street, bas-relief,
the woman is embedded into the shops
of a street that is all ditches
and hammers, Polish men, empty shadows
like an interior's rough stench.
And the sidewalks, forced to go down the street,
ripped from the same rock
carved by black stonemasons.
The air sounds of music, of harsh words
and rugged, volatile nonsense,
as a mute scar,
as a whispering awe.

On State Street there is a dive,
an icicle black coffee shop.
It's a drenched postcard,
it is a false promise
written on fogged wood,
a sated caress, a blade in the tongue.
It is an incorrect path,
an inopportune crossing
of roads and encounters.
Secretly. It is daytime,
the orphans go to school
where they will nod silently.

The Mile is sowing of the poor
silvery and dirty, of silver with plastic core;
of the color of cold sky.
Some homeless people are scattered,
like urine in sand, through the subways,
without regrets, as if passing through them.

Nada que perder, sin quejidos,
sin herencia, son olores sin rostro, música congelada,
abuelos sin nieto, y la lluvia les insulta
arrojándoles el reflejo sobre el cemento.

Muere el viajero en Chicago,
con un dolor clandestino
o un miedo nieto de esclavos.
No hay Rosa para estos Vientos,
en los que el mapa es la duda curvada y terca
y el recuerdo está escrito en agua,
como un tallado invisible,
preñado de olor prestado.

Y uno cierra los ojos,
y ese olor le sabe a pinos
de algún parque que ya no existe.
Es una mentira dulce entre los charcos de aceite.
Es un acertijo nuevo llamado saudade homicida.
Es una madre borracha, enamorada del hijo,
besándole impúdicamente, pegajosa y descarada,
de boca infantil y perfecta,
con beso opaco y podrido
como fruta malgastada.
Es el interior de la tierra
que te llama, y tañe en ti desde dentro.

Porque la memoria es la tierra
a veces serpea la muerte
entre recuerdos borrosos
(esos viajeros lentos,
desconocidos ajenos,
envenenados de olvido).
Y nada suena en mi mente.
Sólo bebo.

Caminar esta ciudad es quebranto puro
es desvestirse del miedo,
es un tatuaje en la boca, una cicatriz en la espalda,

Nothing to lose, without whining,
without inheritance, they are faceless odors, frozen music,
grandparents without grandchildren, and the rain insults them
throwing at them the reflections on the pavement.

The traveler dies in Chicago,
with a clandestine pain
or a fear grandchild of slaves.
There is no Rose for these Winds,
in which the map is the curved and stubborn doubt
and the memories are written in water,
as an invisible carving,
pregnant with borrowed smell.

And one closes his eyes,
and that smell tastes like pines
of a park that no longer exists.
It's a sweet lie between puddles of oil.
It's a new riddle called homicidal saudade.
It is a drunken mother, in love with her son,
kissing him impudently, sticky and shameless,
childish and perfect mouth,
with dull and rotten kiss
like wasted fruit.
It is the interior of the earth
that calls you and pulsates in you from within.

Because memory is the sand
sometimes slithers death
between blurred memories
(those slow travelers,
unknown strangers,
poisoned by oblivion).
And nothing sounds in my mind.
I only drink.

Walking this city is purely heartbreaking
is to divest oneself of fear,
it's a tattoo on the mouth, a scar on the back,

un mirar hacia adelante con la frente en un muro de barro.
Es un infierno que gira,
Y todo ello siempre flotando,
cada átomo, cada universo,
es de madera y de aire.

Levedad. Camino eterno.

Todo da tierra y negro.

a looking forward with the forehead in a mud wall.
It is a hell that turns,
And all this always floating,
every atom, every universe,
it is made of wood and air.

Lightness. Eternal path.

Everything gives soil and black.

Por puro gris

Por puro gris

no bebo de ti.
no te hablo.

no sirvo a un siervo.

Soy la muerte anticipada
de una esclavitud
por puro gris.

For Grayness Itself

For grayness itself

I do not drink from you.
I do not talk with you.

I cannot serve a servant.

I am the expected death
of a slavery
for grayness itself.

Insomne

Ya no duermo.
Pienso en ti y en qué decirte.
Me cuento que todo esto es una esperanza,
un dolor unido al hueso en hilvanado flojo.
Practico la mirada, con ojos cerrados,
la cara de uno mirándose al espejo
en una oscuridad más densa.

No duermo. Todo desaparece con el dolor.
Cada contracción, cada espasmo
es una conversación a punto de acabar.
Me esmero en certificar las diligencias
que me exige el protocolo
antes de enfrentarme a ese fragor
en que se ha convertido nuestro cruce de miradas.

Te miento y te revuelves contra mí.
Pongo todo mi ejército en una sola línea
dándote la espalda y preparando la defensa.
Repaso el guion, voy a contarte.
Repaso tu papel en la escena,
y hasta el del apuntador.
Repito las oraciones del final,
pues no quiero olvidar el texto en mitad
de nuestra charla.

Tardas en atacar, pero cuando empiezas
allá vas, con tu arma inesperada:
apareces con café y me interrumpes con la taza,
que tiene esa manía de tomar mis labios
y embastarlos con la sangre negra que me regala
una excusa para no llamar al insomnio por tu nombre.

Insomniac

I do not sleep anymore.
I think about you and what to tell you.
I tell myself that all this is a hope,
a pain attached to the bone in loose basting.
I practice my gaze, with closed eyes,
the face of oneself reflecting in the mirror
in a denser darkness.

I do not sleep. Everything disappears with pain.
Each contraction, each spasm
is a conversation about to end.
I take care to certify the proceedings
what that protocol demands of me
before facing that roar
where our eyes-meeting has been transfigured.

I lie to you and you turn against me.
I put all my army in a single line
turning my back and preparing the defense.
I review the script, I'm going to tell you.
I review your role in the scene,
and even the prompter's part.
I repeat the ending sentences,
since I do not want to forget the text in the middle
of our talk.

It takes you a long time to attack, but once you start
you go, with your unexpected weapon:
you show up with coffee and interrupt me with the cup,
that has that habit of taking my lips
and basting them with the black blood it gives me
an excuse not to call insomnia by your name.

Álgebra de 8

A 8.000 versos de distancia estamos
a ocho veces mil excusas de tocarnos
o a cuando nos junten las rimas
y los ritmos de la poesía creciente,
o menguante.

Son ochenta veces cien saltos al vacío
al cerrar nostálgicos los ojos
para encontrarnos en esa luna azul que pasa
una vez cada 800 veces diez suspiros,
despistados.

Vivo de tus asaltos
por las noches cuando llegas
con tu collar de ocho cuentas,
hilo enjaezado en nostalgia
enhebrados en su plata fresas y limones,
Cuando llegas, dulce de leche y pan suizo.
Toda tú eres crin,
toda limón, toda fresa.

Ocho miles de caricias de una en una.
Después muero entre tus cuitas;
la habitación, queda oscura
te huelo entre sombras y jengibre,
oh, piel ausente...
desaparece tu seda en mi boca
y tu tiempo de mi cosmos
como gusanos quedan
arena y serrín entre dientes
piel y ocho nadas, ausente.

Ocho soñé el millar de veces,
reventaron los cristales
que escondían nuestros ojos.
Esa luz abrasadora, sucia felicidad
favilas que flotan al tiempo

Algebra of 8

At 8,000 verses away we are
at eight times a thousand excuses for touching
or when the rhymes bring us together
and the rhythms of poetry increase,
or decrease

It's eighty times a hundred jumps into emptiness
as we close our eyes nostalgically
to find us in that blue moon that happens
once every 800 times ten sighs,
clueless.

I live from your assaults
at night when you arrive
with your eight beads necklace,
thread harnessed in nostalgia
threaded in its silver strawberries and lemons,
When you arrive, dulce de leche and Swiss bread.
You are all mane,
all lemon, all strawberry.

Eight thousands of caresses one by one.
Then I die amongst your troubles;
the room, becomes obscure
I smell you amidst shadows and ginger,
oh, absent skin ...
your silk disappears in my mouth
and your time of my cosmos
as worms remain
sand and sawdust between teeth
skin and eight nothings, absent.

Eight I dreamed a thousand times,
the crystals shattered
that hid our eyes.
That scorching light, dirty happiness
fire ashes that float towards time

en que acaba nuestro fuego,
la ceniza y leño
de ser imperfecta la mueca
de verse todo acabar
de hacerse el mundo imperfecto
se fuga histérica al vuelo.

Voy a construir, con barro
y ceniza: ladrillos,
fábricas de hueca sabiduría,
a ocho mil versos de distancia,
recorriendo, prestadas por el Sol y el mar,
esa traza de pecas,
batiendo en tu marejada
furioso de papel el remo
en favor, sin rumbo, del viento
en gemido mordido de niño
con avidez por vivir.

Reclamo la atención del eco
y me molesto cuando nadie está ahí,
escuchándome los latidos
cuando se me acelera el pulso
      adulado
           o perdido.

En estos mapas nuevos
nos descubrirán los no creyentes
como precipicios compatibles con la orografía.
La historia de mí anduvo
se detuvo
fue
como un paso en falso
para descubrirme en coordenadas
llenas de minutos, segundos, grados
ángulos imposibles de tiempo
dobleces de planos viejos.

in which our fire ends,
the ash and wood
of being imperfect grimace
of seeing all perish
of becoming the imperfect world
it escapes hysterical in flight.

I'm going to build, with mud
and ash: bricks,
factories of hollow wisdom,
at eight thousand verses of distance,
traveling, borrowed by the Sun and the sea,
that trace of freckles,
beating in your swell
furious of paper the oar
in favor, without direction, of the wind
in a child's bitten moan
with eagerness to live.

I claim the attention of the echo
and get upset when nobody is there,
listening to my heartthrob
when my pulse quickens
      flattered
          or lost.

On these new maps
the non-believers will discover us
as precipices compatible with the orography.
The story of me walked
stopped
it was
as a false step
to discover me in coordinates
full of minutes, seconds, degrees
impossible angles of time
folds of old maps.

Se me cosen a la falda tus besos,
¿no lo ves?
Como pedazos de vidas ajenas los luzco.
Como átomos de existencias encadenadas a una mágica
explosión.
Explosión.
Existencias que nunca serán mías,
sino de mi mayúscula soledad a inicio de frase.
Explosión en danzas sin pasos de baile
ni siquiera melodías de moda
por idiotas tarareadas.

Destruyo,
por pereza o por sistema,
los pedazos de ajenas vidas
que se empeñan en coserteme
los besos a mi falda,
moléculas y existencias que nunca serán mías,
ni por prestadas, ni por tomadas.
Soy entonces el perro del hortelano
de mi única y mayúscula soledad,
y ni la dejo marchar,
ni la alimento.
Y canto canciones encintadas de amor muerto.
Y canto canciones de vida
como buscando los pasos
que encajen de baile en la historia
cantada por melodías espirituales
que nunca estarán de moda.

No voy a amar sin estar dispuesto a matar,
ni a vivir sin aceptar la muerte
como la sombra retardada
de los últimos
ocho mil amaneceres.

Your kisses are sewn to my skirt,
Don't you see?
As pieces of other people's lives, I flaunt them.
As atoms of existences chained to a magical
explosion.
Explosion.
Existences that will never be mine,
but of my capital solitude at the beginning of a sentence.
Explosion in dances without steps
not even fashionable melodies
hummed by idiots.

I destroy,
by laziness or system,
the pieces of alien lives
that insist on sewing-you-on-me
the kisses to my skirt,
molecules and existences that will never be mine,
neither loaned, nor taken.
I am then the gardener's dog
of my unique and majestic solitude,
and I do not let it depart,
nor do I feed her.
And I sing songs pregnant of dead love.
And I sing life songs
as if searching for the steps
that fit dance into history
sung by spiritual melodies
that will never be fashionable.

I will not love without being willing to kill,
nor to live without accepting death
as the delayed shadow
of the last
eight thousand sunrises.

Un pecado

No toques,
no pongas tus dedos en la piel oscura.

Está prohibido.

Eso es carne.

Pega tus dólares a su brillantina,
al tanga, a la zona más sucia y casi al sexo,
al sudor meloso.

Ella puede tocarte, no tú a ella.
Eso es un límite quebrado,
una libertad robada,
un exceso sin paso,

un pecado.

A sin

Do not touch,
Do not put your fingers on the dark skin.

It is prohibited.

That is flesh.

Stick your dollars to her glitter,
to the thong, to the dirtiest zone, almost to the sex,
to the sweet sweat.

She can touch you, not you her.
That's a broken limit,
a stolen freedom,
an excess without step,

a sin.

Labios quietos

No calles nunca, no dejes de hablarme con los labios quietos.
Y no dejes de desnudarte con palabras.
Yo seguiré penetrándote en tus significados, como un experto amante, como un necesitado.

Las palabras, las banderas de tu desnudez.

En una sacudida puede leerse en el viento
toda la mitología en una espera,
la historia del amante y de una brújula enferma,
un manual de instrucciones contradictadas, autoaprendidas,
memorizadas:
arrancarme la ropa, besar mis tatuajes, olvidar nuestros nombres
y escribir con celo sobre nuestros sexos un secreto que acabe en acantilado
en olor dulce y salado.

Still lips

Never be silent, do not stop talking to me with your still lips.
And never stop undressing with words.
I will continue penetrating you in your meanings, as an expert
lover, as a needy one.

The words, the flags of your nakedness.

In a jolt one can read in the wind
all the mythology in a pause,
the story of the lover and the sick compass,
a manual of contradictated, self-learned, memorized instructions:
strip my clothes off, kiss my tattoos, forget
our names
and write with zeal about our sexes a secret that ends
in a cliff
in sweet and salty smell.

Ítaca lenta

    Tiene una sirena amarrada a cada pierna
    y empuja dulce, melodía estremecida, al acantilado
    sin rocas afiladas
    todo espuma y mar rompiendo
    todo ola recogiéndose entre brazos
    de sabor salado
    y boca impronunciable.

    Yo soy de ir atado a mástiles
    soy de besar sirenas por los dientes
    de hacerle coros al mar
    de hacer espuma en la roca
    y siento que Ítaca está lenta
    poco más allá
    de unos lazos verdes
    que se desatan en mis dedos.

    ¿Quién querría no empaparse
    en ese mar
    perfecto
    y puro?

Dentro del mar es el único lugar en el que el canto de la sirena nos pide cambiar el deseo por placer.

En otros lugares quedan los que temen la sal en la piel. Para ellos: nada.

Slow Ithaca

It has a mermaid tied to each leg
and pushes sweet, shuddering melody, towards the cliff
without sharp rocks
all foam and breaking sea
all wave snuggling between arms
of salty taste
and unpronounceable mouth.

I am for being tied to masts
I'm for kissing mermaids by the teeth
for singing choruses to the sea
for foaming on the rock
and I feel Ithaca is slow
a little beyond
of some green ties
that untie in my fingers.

Who would not want to get soaked
in that
perfect
and pure sea?

Within the sea is the only place where the siren's song asks us to change the desire for pleasure.

In other places there are those who fear salt on their skin. For them: nothing.

Pentecostés

Camina sin lógica ni bisagra
una ventana por la fachada
bailando en una baldosa
yendo y viniendo montada en un chirrido
cometiendo el error de niño
de tenerle fe al viento.

Por primera vez se cierran y
se abren los párpados
escritos por un vaho de boca virgen
sobre el cristal mojado de niebla
y se convierte la palabra en un nuevo
descalabro, rojo, en la garganta, acantilado áspero, que retiene el
nombre ácido del animal sacrificado.

Llega el error cuarto: confiarle las estrellas al astrónomo,
como si el firmamento cupiese en dos ojos
llenos cuervos
o en torsos tallados sobre el mármol al ritmo de un metrónomo
y con la melodía de cuerpos que no saben separarse sin consumirse
en un vacío cósmico.

Hace muchos años de aquellos errores primigenios
y esta es la noche ideal para terminar con una vida,
emplumada, cobarde, llena de heroína,
tras muchos cielos escuchados desde el suelo
en constelaciones a mitad de una misa susurrada en otro idioma
como si toda la mitología cupiese en los ojos de un carnero lechal
decapitado
para la celebración del crimen último
y pentecostal .

Dentro de las venas todos tenemos un amo.

Pentecost

Walk without logic or hinge
a window on the façade
dancing on a tile
coming and going mounted on a screech
making the childish mistake
of having faith in the wind.

For the first time are closed and
opened the eyelids
written by a virgin's mouth breadth
on wet fogged glass
and the word transforms into a new
misfortune, red, in the throat, rough cliff, which retains the acrid
name of the sacrificed animal.

The fourth error arrives: to entrust the stars to the astronomer,
as if the firmament could fit into two eyes
full crows
or in torsos carved on marble to the rhythm of a metronome
and with the melody of bodies that do not know if to separate or to consume
in a cosmic vacuum.

It has been many years since those original errors
and this is the ideal night to end a life,
feathered, cowardly, full of heroin,
after many skies heard from the ground
in constellations in the middle of a mass whispered in another
        language
as if all the mythology could fit in the eyes of a beheaded baby ram
for the celebration of the ultimate crime
and Pentecost.

Inside our veins we all have a master.

Alcohol

Hay un cuerpo esculpido
con manos mudas,
atadas,
rígidas.

Hay mucha maravilla en las formas imperfectas
y, para toda interpelación,
una sola respuesta a tanta pregunta sagrada:
alcohol y muerte.

Sin sentido del beber,
sin sentido del deber,
sin aceptación:
alcohol y muerte.

Alcohol

There is a sculpted body
with silent hands,
tied,
rigid.

There is much wonder in the imperfect forms
and, for all interpellations,
a single answer to so many sacred questions:
alcohol and death.

Without sense of drinking,
without sense of duty,
without acceptance:
alcohol and death.

Luces

Las luces son anuncio de la muerte,
de la oscuridad que esconden.

Los silencios anticipan al grito,
y la suciedad al agua pura.

Así funciona el nacer de una estrella,
dentro de un ojo que hoy es ciego,
pero mañana un color con forma de pregunta.

Lights

The lights are an announcement of death,
of the darkness they hide.

The silences anticipate the scream,
and the dirt to the pure water.

This is how the birth of a star works,
inside an eye that is blind today,
but tomorrow a color with the form of a question.

Ébano

Mármol negro que me niega la marca inicial.

Cuando el cincel se acerca
lo hace con la vibración anticipada del martillo,
la mella que hollará el horizonte.

Nada se mueve cuando mi mano,
tajadera afilada,
se encuentra con su piel negra,
pura,
indestructible,
incapaz de amar.

Nada se mueve,
dejándose atravesar de amor
del que no marca.

Ebony

Black marble that denies me the initial mark.

When the chisel approaches
it does it with the anticipated vibration of the hammer,
the nick that will chip the horizon.

Nothing moves when my hand,
sharp chopping board,
meets her black skin,
pure,
indestructible,
unable to love.

Nothing moves,
letting oneself be transversed by that love
which does not mark.

Siete hombres

Hay siete hombres con las manos sucias de arena
sentados frente a La Luz
implorando que el milagro se haga dólar con sudor
y la mezcla se diluya en la mezcla.

Son cien hombres ahora,
rezándole a la madera de una barra,
cantando salmos dentro de un laberinto,
al borde de un acantilado,
sordos al romper del mar viejo,
disfrutando de la marea fuerte que ya no está.

Se aferran, todos, a la madera.
en un remar desacompasado.

Todos ven el lugar donde la quilla
se quiebra contra las rocas.

Todos mueren de espera en la búsqueda del cántico
que les lleve a la sirena.

Todos mueren de aburrimiento.

Es denigrante la muerte, cuando llega dólar a dólar,
mezcla de arena y esencias de recién nacido.

Hay siete hombre que limpian la arena de sus manos
en la piel de una mujer
que suda danza.

Seven men

There are seven men their hands dirty with sand
sitting in front of a light pole
imploring that the miracle will transform sweat to dollar
and that the mixture dilutes into the mixture.

There are a hundred men now,
praying to the wood of a bar,
singing psalms in a labyrinth,
at the edge of a cliff,
deaf at the breaking of the old sea,
enjoying the strong tide that is no longer there.

They cling, all, to the wood.
in an unmatched rowing.

Everyone sees the place where the keel
breaks against the rocks.

Everyone dies of waiting in search of the song
that will take them to the mermaid.

Everyone dies of boredom.

Death is degrading, when it comes dollar by dollar,
mix of sand and newborn's essences.

There are seven men who clean the sand from their hands
in the skin of a woman
who sweats dance.

Casa

Los poetas somos gente pobre.

En Wisconsin, las prostitutas nos pagan
el Malört.

Son las reglas de la casa.

Es néctar dentro del veneno
y del mismo Sol:
la muerte castrada,
desdentada,
femenina y canalla.

Compartimos todos la casa en ruinas.

Home

Poets are poor people.

In Wisconsin, prostitutes pay us
the Malört.

Those are the rules of the house.

It is nectar inside the poison
and from the same Sun:
castrated death,
toothless,
femenine and rogue.

We all share the house in ruins.

La muerte, la cama.

Estuve un tiempo en trance,
en la cama de un hogar con olor a hospital
en el que los doctores caminan desnudos
y las luces no dejan ver el horizonte;
sumergido en pensamientos llenos de esdrújulas,
imposibles de unir en algún rumbo
unos con otros con sentido.

Me acosté junto a un cuerpo extraño.
Me abrazaba, me quería.
Su abrazo tibio me hablaba de amor,
de aceptación y de tiempo quieto.
Su voz, "¿Quién eres?", "Soy tú."
Yo preguntaba su nombre,
ella me calentaba la cama.

Me levanté a fumar un aire que me faltaba
y ardió
dentro de la cabeza de un alfiler
que se me clavó en un pulmón.
Volví a la cama.

Ella no estaba. Su calor sí.

Yo sabía que ella era la muerte
y que siempre estuve en ella: "Vuelve a la cama".
Morir es cada día desde entonces.

The death, the bed.

I was in a trance for a while,
in the bed of a home with a hospital smell
in which the doctors walk naked
and the lights do not let one see the horizon;
immersed in thoughts filled with accents,
impossible to join them with any direction
one with the other without sense.

I lay next to a strange body.
It hugged me, loved me.
Its warm embrace spoke to me of love,
of acceptance and quiet time.
Its voice, "Who are you?", "I am you."
I asked her name,
she warmed my bed.

I got up to smoke an air that I was missing
and it burned
inside the head of a pin
that stuck me in a lung.
I returned to bed.

She was not there. Her heat was.

I knew that she was death
and that I was always in it: "Go back to bed."
Every day since then has been a dying.

La reunión

Kavafis,
        Karyotakis,
                el dolor
                        y yo.

No conseguimos entendernos.

The reunion

Kavafis
      Karyotakis
           the pain
                and I.

Cannot understand each other.

Cierta paz

Y por las grietas
llega el eco a hacerse una cama,
dentro de ti
y de tus grutas habitadas por fantasmas,
por recuerdos y temblores.
Una cama
de espigas brillantes
llenas de grano a punto de estallar,
abriéndose la piel y saltando la carne
en voladas y sencillas renuncias.
Y nada quiere encajar
ni apropiarse de un lugar y momento.

Nada quiere ser
en este juego
ni tablero, ni regla.

Ese eco trenzado de susurros
enteros, como nacido de uno mismo,
deseados susurros,
ahogados en ese eco
todo en un mismo silencio
pactado con la oscuridad.

No hay más ruido
no hay eco
ni luz.
Y no esperas respuesta.

Y hay entonces cierta paz en la pérdida.

A Certain Peace

And through the cracks
echo arrives to make itself a bed,
inside of you
and from your caves inhabited by ghosts,
by memories and tremors.
A bed
of bright ears
full of grain about to explode,
opening their skin and the meal jumping
in flimsy and simple resignations.
And nothing wants to fit
nor appropriate a place and time.

Nothing wants to be
in this game
not board, not rule.

That echo braided with whispers
whole, as born of oneself,
desired whispers,
drowned in that echo
all in one sole silence
agreeing with the dark.

There is no more noise
there is no echo
nor light.
And you do not expect an answer.

And there is then a certain peace in the loss.

Ensoñación en Michigan Av.

A quien le importa tu abismo
si de las grietas llegan
luminosos los delirios
que suenan a vida nueva,
a vida sobre la yerba,
a láudano sobre herida
a vítores de la luna
a remolinos de hoja y tierra.
Te encuentro. Cuando camino
por cada calle atascada
veo nadies, veo ausentes
te veo entera mirarme
entre coches
tus piernas
sus faros
tus brazos
sus puertas
tus pies
sus ruedas
tus ojos
mi mente.
Un golpe.
Toda tú me llena.
Tu abismo
tu abismo perece en mis venas.

Dreaming in Michigan Ave.

Who cares about your abyss
if from the cracks creep up
shining deliria
that sound like new life,
as life on the grass,
as laudanum over wound
as praises of the moon
as swirls of leaf and sand.
I find you. When I walk
through each bound street
I see nobodies, I see absence
I see you complete looking at me
between cars
your legs
its headlights
your arms
their doors
your feet
their wheels
your eyes
my mind.
A stroke.
All of you fills me.
Your abyss
your abyss perishes in my veins.

If you're living this

If you're seeing this
it's because you're beautiful.

Remember to show your fear
remind me how to jump over there.
Just hide your mouth behind your hand
smile to your feet if you blush.

If you're listening to this
it is because you are beautiful

with all your scars and dust in between dreams
with all your sadness tied into your shoes
blowing away from the bright stars that some day
from your sweet sight were pulled away

If you're touching this
it is because you are beautiful

not yet to breathe the defeat
not to cry today for the past
not just to play your trump
not being afraid of the night.

If you're feeling this
it's because it is in you where the beauty is.

Si estás viviendo esto

Si estás viendo esto
es porque eres hermosa

Recuerda mostrar tu miedo
recuérdame cómo saltar allí.
Sólo oculta tu boca tras de tu mano
sonríe a tus pies si te sonrojas.

Si estas escuchando esto
es porque eres hermosa

con todas tus cicatrices y polvo entre sueños.
con toda tu tristeza atada a tus zapatos
soplando lejos de las estrellas brillantes que algún día
de tu dulce vista fueron alejadas

Si estas tocando esto
es porque eres hermosa

no aún para respirar la derrota
ni llorar hoy por el pasado
ni solo para jugar tu triunfo
ni tener miedo a la noche.

Si sientes esto
es porque es en ti donde está la belleza.

Hoy pinto como Hopper

Desgrano cada instante.
Muelo cada segundo y lo mezclo con mis pinturas.
Me pinto unas sonrisas alrededor que no pueden quitarme los silencios.
Me pinto una lágrima que me dé apariencia de sentir.
Me pinto en los ojos de alguien, reflejado, cóncavo o convexo, como se diga,
pero me veo en esos ojos, pintado, sin ser visto, sin colores.
Me pinto uñas postizas, música prestada, pelo extendido e ideas plagiadas.
Me pinto un poco más mayor, o un poco más joven.
Me pinto un amigo nuevo y una amante menos.
Me pinto un orgasmo más y un sueño ciego.
Me pinto cosas que no pasan, que no son, que no sienten.
Me pinto un sentimiento turbio y una duda.
Me pinto, simplemente, un escudo.
Me pinto un tacón, un naipe, un agujero en culo.
Me pinto todos los saltos, me pinto un vacío en barrena.
Me pinto una cuerda de seda, me pinto una horca de nata.
Me pinto, por no pintarme, por no pintarte los días.
Me pinto un reloj rebelde y una hucha vacía.
Me pinto palabras de genio, regalo de un gran escritor.
Me pinto un gran orador, que roba rabias de versos.
Me pinto, por no contarme, por no leerme ni oírme.
Me pinto en luz claroscura, no en color, en luz, que queme.
Me pinto sin ver más allá, del lienzo blanco en que vivo.
Me pinto sustos, me pinto vida.
Me pinto cervezas, me pinto putas.
Me pinto humo y cicuta.
Me pinto misa, ya toca.
Me pinto punto y final.

Today I paint as Hopper

I shell each moment.
I grind each second and mix it with my paints.
I paint myself some smiles around that the silences cannot take away.
I paint a tear that gives me the appearance of feeling.
I paint myself in someone's eyes, reflected, concave or convex, as
    one should say,
but I see myself in those eyes, painted, not being seen, colorless.
I paint false nails, borrowed music, extended hair and plagiarized
    ideas.
I paint myself a little older, or a little younger.
I paint myself a new friend and one lover less.
I paint myself one more orgasm and a blind dream.
I paint things that do not happen, that are not, or are not felt.
I paint a cloudy feeling and a doubt.
I paint myself, simply, a shield.
I paint a heel, a card, a hole in an ass.
I paint all the jumps, I paint a vacuum in an auger.
I paint a silken rope, I paint a creamy gallows.
I paint myself, to not paint myself, to paint not your days.
I paint a rebel clock and an empty piggy bank.
I paint words of genius, a gift from a great writer.
I paint myself a great speaker, who steals rages of verses.
I paint myself, not to tell myself, for reading or hearing me not.
I paint myself in chiaroscuro light, not in color, in light, that burns.
I paint without seeing beyond, the white canvas in which I live.
I paint scares, I paint life.
I paint myself beers, I paint myself whores.
I paint smoke and hemlock.
I paint mass, it's time.
I paint myself final point.

Calle Hayward con South desde mi ventana

Las castañuelas verdes chocan en onda de ida y vuelta
verdes como es gris la sombra que proyectan.
Los gorriones
en locos giros de intenciones
trazan caligrafías de seda entre sus ruidos y los del viento.

Se empeña el sol en darle un tono gris a todo aquél que no le dé
    la cara
haciendo humo las húmedas fantasías
que se evaporan
entre hadas y cuentos para adolescentes
que arrastran sus pies hacia el agua tibia de verano.

Ni una corriente fresca se atreve a mirarnos a la cara
ni tan siquiera a prometernos amor eterno de a media noche y poco más.
Es tal el sopor y el aburrimiento que creamos fantasías
como que el tiempo corre
como que estamos juntos
como que nos amamos
como que nunca morirá en ti mi recuerdo.
Las castañuelas verdes siguen con su melodía,
hacen olvidar que el silencio es una pesada esperanza,
ligeros los pies que tienen por ramas
pues bailan como pequeños diablos entre las copas del árbol
al que miro
y que me da tu sombra.

Hayward Street with South from my window

The green castanets collide in a round-trip wave
green as gray are the shadow they project.
The sparrows
in crazy turns of intentions
draw silk calligraphies between their noises and those of the wind.

The sun insists on giving a gray color to anyone who does not give
       his face
making smoke the humid fantasies
that evaporate
between fairies and stories for teenagers
that drag their feet towards the warm summer water.

Not even a fresh breeze dares to look us in the face
not even to promise us eternal love by midnight and little else.
Such is the drowsiness and boredom that we create fantasies
such as time runs
such as we're together
such as we love each other
such as my memory will never die in you.
The green castanets continue with their melody,
they make one forget that silence is a weighty hope,
light feet they have as branches
they dance like little devils among the treetops
to which I look
and that gives me your shade.

Anuncio en East Madison St.

Se ofrece poeta en cuerpo y alma.
Se escriben versos,
de amor, por encargo.

Económico y sentido,
(de desamor, con recargo).
Se habla de amor con propiedad.

Se apropia de amor al escribir.

Siempre pago anticipado
y factura en lecho de muerte.
Se habla de valor por pronto pago.
Se omite el miedo y el leerlo en elipsis.

Necesitados de palabras
y dominados por la desesperación
con cita previa.

Todos atendidos con el mismo interés
de quien escribe para la eternidad
y no para el éxito.

Económico.

Advertisement in East Madison St.

Poet offered in body and soul.
Verses are written,
of love, on request.

Economic and meaningful,
(of lack of love, with surcharge).
Love is spoken-of with property.

He appropriates love while writing.

Always advance payment
and invoice on death bed.
Will talk of valor for prompt payment.
Fear is omitted and reading it in ellipses.

Those lacking words
and dominated by despair
by previous appointment.

All served with the same interest
by he who writes for eternity
and not for success.

Affordable.

El amor en el metro de Chicago

Tren
y vuelta a empezar
con ese nuevo amar
en el traqueteo eterno
de inacabable compás.
Es Monroe
y entras apurada, de intensidad
repleta.
Pelo azabache
ocultando tus sonrisas
y tristezas.
Y te sientas ofreciéndome
la redención del fracaso
levantarme y ofrecerte
mi futuro, mi mano
mi teléfono
la letra de mi vida,
el número de zapato
el calor de mi tiempo .
Es Lake
amor eterno
aun en la adversidad
y en este olor intenso
cloaca, sudor, hedor
denso calor,
tiznado el respirar de esfuerzo.
Y aun así te busco y te huelo
mi salvación;
y me levanto
y me acerco
te miro y te espero.
Es Grand
el amor maduro
lleno de hijos
proyectos, fracasos
enfermedades y rabia
las crisis del amor, dicen

Love in the Chicago subway

Train
and back to start
with that new love
in the eternal rattle
of endless compass.
It's Monroe
and you enter in a hurry, of intensity
full.
Dark hair
hiding your smiles
and sorrows.
And you sit offering me
the redemption of failure
I get up and offer you
my future, my hand
my phone
the letter of my life,
the shoe size
the heat of my time.
It's Lake
eternal love
even in adversity
and in this intense smell
sewer, sweat, stench
dense heat,
my breath taited by the effort.
And still I look for and smell you
my salvation;
and I stand up
and approach
I look and wait for you.
It's Grand
mature love
full of children
projects, failures
diseases and rage
the crises of love, they say

párese el mundo
hoy sufro
hoy aguanto
hoy apoyo
soy fiel para siempre a ti.
Es Chicago
te levantas
ni cruzas en mí tu mirada
me evitas
hueles a lila
y sudor
y cansancio
hiel
en la piel desnuda
bajo tu ropa
me abandonas
lloro por dentro.
Clark / Division
desapareces
te añoro
no vuelves
ni giras
te odio
eterno amor vestido de odio
Odio vestido de etiqueta.
Clybourn
entras
pelo de trigo
ojos de cielo
de nuevo
mi redención, se sienta
al otro lado del vagón
y me tiemblan tus piernas.
Ojalá no llegue nunca
la siguiente estación
y haga el mundo que se junten
en curvas con inercia
tu mano y mi mano.

stop the world
today I suffer
today I stand it
today I support
I am faithful forever to you.
It's Chicago
you stand up
you don't cross on me your gaze
you avoid me
smelling of lilac
and sweat
and fatigue
gall
on the bare skin
under your clothes
you abandon me
I cry inside.
Clark / Division
you disappear
I miss you
You are not coming back
nor turning around
I hate you
eternal love dressed in hate
hatred in a black tie.
Clybourn
you enter
wheat hair
heaven eyes
again
my redemption, seats
on the other side of the car
and your legs shake for me.
I hope that never arrives
the next station
and the world brings them together
in curves with inertia
your hand and my hand.

Subway net

Los desconocidos se tejen
tras sus delicadas trayectorias
monótonas y curvirrectas
anodinas e indoloras
incoloras y anónimas.

Ella lo observa y aprende, es un libro,
lo reconoce en las líneas que son su mirada limpia,
perdida entre sus letras, renglones
metáforas imposibles y rimas sin equilibrio.

Los andenes se llenan de esos hilos de colores
grises, por tonos oscuros deseando entretejerse
enlazarse estrangulados y estallar en arcoiris.

Él la huele y no levanta
su montura y su mirada
de los párrafos vacíos
de la poética enterrada
y a bocados la inhala.

Los desconocidos se bordan
y se brillan en los puntos -en cada nudo-
en cada giro -todo recto-,
en la conversación enlazada
y en la casualidad resuelta.

Hay un abordaje falso,
ni se tocan, ni se besan
pero tampoco se cansan;
se aman en silencio
y se arropan las miradas.

Subway net

The strangers are knitted
after their delicate trajectories
monotonous and curvy-straight
anodyne and painless
colorless and anonymous.

She watches him and learns, it's a book,
she recognizes him in the lines that are his clean look,
lost among its letters, lines
impossible metaphors and rhymes without equilibrium.

The platforms are filled with those colored threads
grays, by dark tones wishing to weave
tangle themselves strangled and explode into rainbows.

He smells her and does not lift
his mount and his gaze
from the empty paragraphs
from the buried poetics
and in mouthfuls inhales her.

The strangers are embroidered
and they shine in the points -in each knot-
in every turn -all straight-,
in the linked conversation
and in the resolved casuality.

There is a false boarding,
they do not touch, nor kiss
but neither do they get tired;
they love each other in silence
and the gazes clothed themselves.

Los desconocidos se descosen
se sacuden el olor, el sudor
el miedo a la soledad
a su esencia perfumada
y dejan el vagón, con tristeza,
a cada parada.

The strangers are unraveled
the smell is shaken, the sweat
the fear of loneliness
of its scented essence
and leave the wagon, with sadness,
at each stop.

Kintsugi *(A Fermina Ponce)*

El oro busca las grietas y las cubre, obsceno,
y las monta, el oro, haciéndome la cicatriz
antigua.

Me penetra las derrotas, encuentra todos mis rotos
me busca   en la pérdida,
el barro cocido, el hueco y me lo cose
a su ley.

El oro, locuaz, la porcelana, sucinta
se trenzan, casi en baile rasante
con la música perfecta para un baile
al vuelo de boda y la vida en veda.

Y se produce el prodigio
de pequeña derrota muerta
y la luz vuelve a los pasos
aún solitarios   firmes.
Abrázalos todos, resonados en abrazos,
saltos, tacones, construye de ellos
un recuerdo de belleza y entiérralo
por siempre en incandescente agua.

Beber aire, masticar agua
respirar fuego, acariciar lo tenebroso
y elevarse
sobre quien eligió no SER
sin lágrima, ni odio en penumbra
ni amor agraz.

Hay quien suicida se rompe
buscando en su libertad
ser vereda de oro amada,
por el desierto seco de loza mate,
y ser kintsugi
venerado
y expuesto a la soledad

Kintsugi *(To Fermina Ponce)*

Gold looks for cracks and covers them, obscene,
it mounts them, the gold, making me an ancient
scar.

It penetrates my defeats, it finds all my breakages
it seeks me   in the loss,
the baked clay, the void and sews it onto me
according to its law.

Gold, loquacious, porcelain, succinct
they braid, almost in flush dancing
with the perfect music for a dance
to a wedding flight and the life on hold.

And the prodigy is produced
the small defeat now dead
and the light returns to the steps
still solitary   firm.
Hug them all, resounding hugs,
jumps, heels, build from them
a memory of beauty and bury it
Forever in incandescent water.

Drink air, chew water
breathe fire, caress the darkness
and rise
over whom chose not to BE
without tear, nor hatred in gloom
nor love inmature.

There are ones by suicide broken
searching in their freedom
being beloved path of gold,
through the dry desert of earthenware,
and being kintsugi
venerated
and exposed to the loneliness

de no volver a ser tocado.

Necedad, el deseo de que alguien
rellene con oro nuestras grietas.
Invierno en las pisadas

Y si te digo que cantan grillos
bajo mis pies
en este invierno que piso
cantan toscos y graves,
como crujiéndose el color blanco
con que se visten.

Y si te digo que vendan
con metales muertos
mis tobillos,
pasos de baile fingidos,
casi obligados.

Y si te digo que el invierno
viene solo
y me deja completo
de todo acompañado

¿Quién teme así al frío,
cuando sé que el cricrí,
el crack y el clamp,
sonarán en obsoleta melodía
durante nuestra eterna primavera?

of not being touched again.

Foolishness, the desire for someone
to fill our cracks with gold.
Winter in the footsteps

And if I tell you that crickets sing
under my feet
in this winter which I stomp
they sing coarse and serious,
like crunching the white color
with which they dress.

And if I tell you that they wrap
with dead metals
my ankles,
fake dance steps,
almost forced.

And if I tell you that winter
comes alone
and leaves me complete
by everything accompanied

Who fears so the cold,
When I know that the chirp-chirp,
the crack and the clamp,
will sound in obsolete melody
during our eternal spring?

Los abrazos que aprende María   *(A María Vázquez)*

La práctica del abrazo exige
concentración creativa
distancia a medias
presiones suaves
constancia intensa
dejar que germinen sonrisas
y los miedos desaparezcan.
El abrazo es un arte noble.
Es esperar un segundo
sin sentido y sin excusa
y convertirlo en momento
lleno de imprevistas vacilaciones
de risillas contenidas
de chulería feliz
de olores entremezclados
en un velo dulce y ocre.

Claramente es de colores.
Los abrazos no son grises,
quizá un poco cegatos
por eso exigen el tacto
y acercarse
y apretarse
y notarse respirando.
Son las mejores lecciones
que se aprenden practicando.
Son largos o moderados
inesperados
deseados
interesados
libres
gratuitos
temporales
imborrables.
Como te decía

The hugs that Maria learns *(To María Vázquez)*

The practice of embrace demands
creative concentration
half distance
gentle pressures
intense perseverance
allowing smiles to germinate
and fears to disappear.
The hug is a noble art.
It's waiting a second
senseless and without excuse
and turning it into a moment
full of unexpected hesitations
of contained giggles
of happy cockiness
of odors intermixed
in a sweet and ocher veil.

It is clearly colored.
The hugs are not gray,
maybe a little blinded
that's why they demand touch
and get closer
and squeeze
and feel breathing.
They are the best lessons
that you learn by practicing
They are long or moderate
unexpected
desired
interested
free
gratuitous
temporary
indelible
As I was saying

no son ni negros
ni blancos.
Y a practicar
¡que se escapan!
Y de no tenerlos cerca
nos acaban olvidando.

they are not black
nor white.
And let's practice
because they flee!
And by not having them near
we end up forgetting.

Invierno en las pisadas

Si te digo que cantan grillos
bajo mis pies
en este invierno que piso
cantan toscos y graves,
como crujiéndose el color blanco
con que se visten.

Y si te digo que vendan
con metales muertos
mis tobillos,
pasos de baile fingidos,
casi obligados.

y si te digo que el invierno
viene solo
y me deja completo
de todo acompañado

¿Quién teme así al frío,
cuando sé que el cricrí,
el crack y el clamp,
sonarán en obsoleta melodía
durante nuestra eterna primavera?

Winter in the footsteps

And if I tell you that crickets sing
under my feet
in this winter that I stomp
they sing coarse and serious,
as if crunching the white color
with which they dress.

And if I tell you that wrapped
with dead metals
are my ankles,
fake dance steps,
almost forced.

and if I tell you that winter
comes alone
and it leaves me complete
accompanied by all.

Who is so afraid of the cold,
when I know that the chirp-chirp,
the crack and the clamp,
will sound in obsolete melody
during our eternal spring?

Abandono

Abandonar es un cálculo, una relación castrada entre probabilidades, generar un patrón de certeza más algebraico que comprensible.

¿Y qué si el universo nos presenta al abandono, desde el barro primigenio a la desconocida luz?

La aritmética de siempre se ha rendido al abandono, como lo hace un vestido azul a la puerta del sanatorio mental, como una inecuación cometida sin incógnitas, criminal y descarada.

No hay relatos épicos de abandono. Son de encuentro, normalmente, con la muerte.

El abandono se sale de todo estilo literario, de toda maldición, de una geometría sólida, para flotar en una pregunta líquida, sin posibilidad de disolverse.

La medida de esta densa reverberación es el tiempo que se tarda en dejar de echar en falta. Luego uno se deja al olvido, y ese es un abandono en el que las cuentas cuadran.

Abandonment

Abandoning is a calculation, a castrated relationship between probabilities, generating a pattern of certainty that is more algebraic than comprehensible.

And what if the universe presents us with abandonment, from the primitive mud to the unknown light?

Arithmetic has always surrendered to abandonment, as does a blue dress at the door of the mental sanatorium, as an inequality committed without question, criminal and shameless.

There are no epic tales of abandonment. They are of encounters, usually, with death.

The abandonment is out of any literary style, of every curse, of any solid geometry, to float in a liquid question, without any possibility of dissolving.

The measure of this dense reverberation is the time it takes it to be missed. Then one is left to oblivion, and that is an abandonment in which the accounts square.

Extravío

A veces escarbo el suelo helado
porque sé que a un palmo bajo mis uñas
puedo encontrarme en lo que quise ser
muy apartado del camino que me dibujaron
en un mapa lleno de escalas cambiantes
y desproporcionados accidentes de un paisaje anodino
que no ayuda a desvanecerse
ni a encontrarse.

Hay siempre un riesgo de perderse
en el reflejo mismo del mercurio,
ante el espejo.

Justo donde uno sabe que está, desaparece;
no allá dentro.

Uno se extravía en las pautas para no desorientarse,
en todo ritual de confirmación de la vida,
en la identidad, en el reconocer
que uno no está en otro,
que se es en el otro.

¿Dónde se está?
Encontrarse en una calle desconocida no sé
si es encontrarse
o descubrirse más perdido.

Y todo es proceso
de nacimiento en ciernes
o de muerte en vida.

Loss

Sometimes I scratch the frozen ground
because I know that in a span under my nails
I can find myself in what I wanted to be
very far from the path they drew for me
on a map full of changing scales
and disproportionate accidents of an anodyne landscape
that does not help one to fade
nor to meet oneself.

There is always a risk of getting lost
in the very reflection of mercury,
facing the mirror.

Just when you know where it is, it disappears;
not there inside.

One goes astray in the directions to not become disoriented,
in every ritual of life's confirmation,
in the identity, in the recognition
that one is not dwell in another,
that oneself is in the other.

Where is it?
Find yourself on an unknown street without, not sure,
if it is to encounter oneself
or discover yourself even more lost.

And everything is the process
of budding birth
or death in life.

Derrota

Caminamos de la mano, con nuestro hijo, mostrándole que no todos los astros siguen existiendo, entre escombros de fachadas milenarias que pueden colapsar sobre nosotros.

Le mostramos qué es detrás, qué delante, qué antes y nunca después, cuándo agacharse y esquivar el péndulo afilado, cuándo agarrarse al clavo ardiente, cómo poner cara anónima, de desinterés e ignorancia, como evitando el amor y, sin embargo, guardándolo en un pensamiento a punto de expresarse.

Le enseñamos cuándo precipitarse contra el cuello de la presa, cómo hundir los colmillos y hablar el lenguaje de la sangre, cómo ocultar el valor de nuestras víctimas, enterrándolas en el suelo helado del olvido. ¿Quién va a buscar en el extravío mismo?

Concentrados en la herencia de los pasos, trastabillamos, tropezamos y arrastramos al hijo en la caída.

Es el apellido. Es la derrota.

Defeat

Let's walk hand in hand, with our son, showing him that not all the stars continue to exist, amidst the rubble of thousand-year-old façades that can collapse on us.

We show him what is behind, what is ahead, before and never after, when to duck and dodge the sharp pendulum, when to hold on to the burning nail, how to put on an anonymous face, of disinterest and ignorance, as if avoiding love and, nevertheless, keeping it in a thought about to express itself.

We teach him when to hurl himself against the neck of the prey, how to sink the fangs and speak the language of blood, how to hide the value of our victims, burying them in the frozen ground of oblivion. Who will look for loss itself?

Concentrated in the inheritance of the steps, stumble, stagger and drag our son in the fall.

It's the surname. It is the defeat.

Tristeza

Reposar las manos en un vientre frío
componer una sinfonía de silencio sobre una página en
blanco
en piel del árbol muerto,
y conformar una palabra nueva que explique el color negro
cuando todo alrededor es ruido de fuego
caricia de humo.

Empezar la frase por la condición,
enterrando a un palmo de la superficie
la constelación que rige las inecuaciones
que atan los sueños a los logros.

Da igual el resultado de la rima
pues siempre habrá que masticar sal.

Sadness

Resting the hands on a cold belly
composing a symphony of silence on a blank page
on the bark of the dead tree,
and forming a new word that explains the color black
when everything around is noise of fire
caress of smoke.

Start the sentence by the condition,
burying a hand's breadth from the surface
the constellation that governs the inequalities
that ties dreams to achievements.

No matter the result of the rhyme
because one will always have to bite salt.

Velatorio

¿Uno a quién vela a solas,
apartado de la casa,
de la lumbre,
de la luz,
del cadáver?

¿Por quién regala una vigilia
apartado del tiempo muerto,
del amigo consumido,
de la conversación hueca?

¿A qué espera uno cuando amanece?

¿Espera a saber la ausencia?

¿Espera a quien le espere?

Wake

One whom you mourn alone,
away from the house,
from the fire,
from the light,
the corpse?

For whom is given a vigil
distant from the dead time,
of the consumed friend,
of the hollow conversation?

What does one expect when it dawns?

To know the absence?

To wait for whomever waits for you?

Somos

Somos parte de un Todo,
del que no es posible sustraerse,
ni allí permanecer.

Chicago,
eres un Todo del que no es posible
sustraerse
permanecer,

ni ser olvido.

We are

We are part of a Whole,
from which it is not possible to withdraw,
nor there to remain.

Chicago,
you are a Whole from which it is not possible
to withdraw
nor to remain,

nor to be oblivion.

Destinado

La vida me encerró en tu mundo
bajo llave y sentencia frágil
pendiente siempre de un gesto
magnánimo y negro
de bondad infinita,
absolviendo mi existencia
de una salvación tan Eterna
como Anodina.

Al abismo se entra bailando
dándole la mano a tu sombra.

Quisiera serte olvido
perder el reflejo
ser nada.

Destined

Life locked me in your world
under key and fragile sentence
always pending a gesture
magnanimous and black
of infinite goodness,
absolving my existence
of a salvation so Eternal
as to be Anodyne.

To the abyss one must enter dancing
stretching a hand to your shadow

I would want to be for you oblivion
to lose the reflection
of being nothing.

El perro que le habla al cielo

Somos levedad de muchos dueños,
eso somos.
Siena sobre arcilla
en el asfalto roto
ante una lluvia siempre amenazante.

Somos perro de muchos dueños
atendiendo a tanto hueso,
a tanto palo, a tanto miedo,
cercenado el rabo y el norte de la brújula,
que llevamos el invierno en las pisadas.

Espera uno el premio, la mirada aprobatoria
el gesto que abra la puerta y deje entrar el aire
de una luz que nos es tan hostil como seca.

Somos perro de muchos dueños con antojos
que no saben del amor con que uno le habla
a los orines de la calle.

Somos ídolos ardiendo y ácido sobre cristal,
agua derramada en fuego, un anciano esperando al tiempo.

Somos levedad densa, alargada y poliforme,
empeñada en darnos nombre:
un quejido ateo rezándole a un dios,
susurro entre plegarias de viento.

The dog that speaks to the sky

We are lightness of many owners,
that, we are.
Siena on clay
on the broken asphalt
before an always threatening rain.

We are a dog of many owners
attending so much bone,
so many sticks, so much fear,
cut tail and north of the compass,
we carry the winter on our footsteps.

One expects the prize, the approving gaze
the gesture that opens the door and lets in the air
of a light that is as hostile to us as it is dry.

We are a dog of many owners with cravings
who do not know about the love with which one speaks
to the urine of the street.

We are burning idols and acid on glass,
water spilled on fire, an old man waiting for time.

We are dense lightness, elongated and polyform,
determined to give us a name:
an atheic moan praying to a god,
I whisper amongst prayers of wind.

Acta est fabula, plaudite!

Ahora, que reposo entre enemigos
ahora, que la felicidad toca el fuego
ahora, que no hay sangre en la boca de una virgen,
ni monedas de cobre sobre tus ojos,
con todo perdido, claveles en los costados,
y en el pecho,
te pregunto:
¿Qué queda de tu cuerpo y de la hybris?
¿Por qué hay olor a sexo en tu mentira?
¿Para qué te sirvió tu desprecio?

No hay pérdida en la muerte.
Sólo un quejido roto de un niño ya ciego.

Descanso, ahora, y paso
de ser Polifemo a Nadie,
y el tiempo atrapa en su huida al único culpable
al corrupto, al héroe, al santo,
al demonio, al insalvable.

Y cae la máscara, seca,
de un yeso amarillo y muerto.

Todos nos desnudamos ante la muerte,
cada noche,
cuando el público nos juzga
desde el interior del pecho.

Cierra los ojos y duerme,
tu función ha terminado.

¡Aplausos!

Acta est fabula, plaudite!

Now, that I rest amongst enemies
Now, that happiness touches fire
now, that there is no blood in the mouth of a virgin,
nor copper coins over your eyes,
with everything lost, carnations on the ribs,
and in the chest,
I ask you:
What is left of your body and of hubris?
Why is there a smell of sex in your lie?
What use was your contempt?

There is no loss in death.
Only the broken moan of a blind child.

I rest, now, and go
from being Polyphemus to Nobody,
and time catches in its flight the only culprit
the corrupt, the hero, the saint,
the devil, the unsavable.

And the mask falls, dry,
from a plaster yellow and dead.

We all undress before death,
each night,
when the public judges us
from the interior of the chest.

Close your eyes and sleep,
your act is over

Applause!

Euthanasia

Desbrozar el tronco seco
para que parezca vivo,
matar la hiedra
y llamarlo piedad.

Hay que recrear lo cierto,
pensar vivo lo muerto.
Que parezca original.

Euthanasia

To clear the dry trunk
to make it look alive,
kill the ivy
and call it mercy.

One must recreate the truth,
think alive what is dead.
Make it look original.

Que el frío nos muerda

Aquí el agua se ahorca de las ramas, suspendida, en triángulos de cristal. Un lugar sin vivos, ni muertos.
Carámbanos que silban luz.
Silban la melodía de los vivos.
Miras.
Miras los carámbanos transparentes y te detienes en ese universo estático. Te ves niño, te ves viejo.

Sonríes y temes. Llegará un día en el que serás gota de agua encerrada en carámbano y te reconocerán a través de la esencia, petrificada y cristalina, de lo que un día fuiste.

Y esa mirada te pensará eternamente inerte.

Aún así, dentro del espejo helado, le cantaremos a la vida, anunciando que todo invierno pasa, aunque borre los rasgos de la primavera como el ácido corta una cara.
Pronto todos seremos gotas inertes.
Y en la espera, nos queda la belleza.

Mientras,
dejemos que el frío nos muerda.

Let the cold bite us

Here the water hangs itself from the branches, suspended, in crystal triangles. A place without living, or dead.
Icicles that whistle light.
They whistle the melody of the living.
You look.
You look at the transparent icicles and you stop in that static universe. You look like a boy, you look old.

You smile and you fear. There will come a day when you will be a drop of water enclosed in an icicle, and they will recognize through the essence, petrified and crystalline, what you once were.

And that gaze will think you eternally inert.

Even so, inside the frozen mirror, we will sing to life, announcing that all winter passes, even if it erases the features of spring as acid cuts a face.
Soon we will all be inert drops.
And in the wait, we still have beauty.

Meantime,
let's allow the cold to bite us.

Estar quieta

Amo mi estar quieta
cuando el suelo se rasga y esa tela
delicadamente recia se hace barro
seco y nos traga.

Estar inmóvil cuando me gritas
esculpiéndome un aire irrespirable
con formas cortantes y agudas.

Cuando retumba el suelo bajo tu pie
y mi puerta bajo tu mano,
ahí me quiero, sin oscilar.
Amo mi vibración invisible y que nada se mueva.
Cuando escribes con sangre que soy
yo la que está rota, dejando renglones carmesí,
ideogramas orientales, empapando con nuestra
historia la pared.

Amo mi cuerpo inmóvil, sosegado,
puesto quieto por todos los ecos de la palabra
puta
que tu cincel trata de hoyarme en mármol rosa
y fecundarme dentro con esa semilla inerte.
Ahí amo, por encima de todo, mi estar quieta.
Amo mi no huir, ni tras, ni por ti.

Cuando la adorada rabia
que guardas entre tus uñas,
en los nudillos, me aúlla: "¡Corre!",
quedo muda sobre mis rodillas,
con la luz rasgada por un hilo púrpura
que parte en dos hemisferios perfectos mi pupila.
    Al Norte, volarse quieta.
    Al Sur, caerse quieta.

Being Still

I love being still
when the floor is torn and that cloth
delicately stiff becomes dry mud
and swallows us.

Be immobile when you yell at me
carving me an unbreathable air
with sharp and piercing forms.

When the floor rumbles under your foot
and my door under your hand,
I love myself there, without oscillation.
I love my invisible vibration and that nothing moves.
When you write with blood that I am
the one that is broken, leaving crimson lines,
oriental ideograms, soaking the wall
with our history.

I love my immobile body, calm,
made quiet by all the echoes of the word
whore
that your chisel tries to beat me in pink marble
and fecundate me with that inert seed.
There I love, above all, my being still.
I love my not fleeing, not after, nor for you.

When the adored rage
that you keep between your nails,
on the knuckles, it howls me: "¡Run!",
I am silent on my knees,
with the light torn by a purple thread
that parts into two perfect hemispheres my pupil.
    To the North, to fly quietly.
    To the South, to fall quietly.

Amo mi estar quieta, entonces,
cuando anda quebrado el pavimento,
descosidos los pies de los zapatos,
sin quedar espacio a la sombra
entre suelo negro y pie mudo.

Cuando nací no sabía que mi mano iba a trazar
el aire despistado entre los pasos y las calles,
atrapando ahí lo bello que me abruma
escritura de sonido mudo sobre piel blanca.

Disculpa que ame mi estar quieta,
renunciándote en tu abismo,
en el que nada reposa
salvo una sentencia cobarde.

Empieza el movimiento cuando tú me quieres quieta.
Por lo demás, elijo el impulso entumecido
y el fervor sólido de una roca sin edad.
Pero si tú me dices ¡quieta!
yo surco el tiempo que no cambia.

El mundo quieto es no escribir.
Tu mano abre, quieta.
Tu boca entra, quieta.
Tu olor estalla, quieta.
El mundo quieto es no leer ni los recuerdos.

Tuve miedo de las cosas quietas.
Todo nos debe una vibración, leve
movimiento, aunque sea imperceptible,
lleno de color cambiante y sinuoso.

El miedo es algo quieto
que te invita a ser miedo de uno mismo.

Estar quieta
tras el grito
por el aire

I love my being quiet, then,
when it goes breaking the pavement,
unthreading the feet from my shoes
without leaving space for the shade
between black ground and silent foot.

When I was born I didn't know that my hand was going to draw
the clueless air between the steps and the streets,
trapping there the beauty that overwhelms me
writing of mute sound over white skin.

Sorry to love my being quiet,
renouncing you in your abyss,
where nothing rests
except for a cowardly sentence.

The movement begins when you want me quiet.
For the rest, I choose the numb impulse
and the solid fervor of a rock without age.
But if you tell me be quiet!
I plow the time that does not change.

The quiet world is not writing.
Your hand opens, quietly.
Your mouth enters in, quietly.
Your odor explodes, quietly.
The quiet world is to not read even the memories.

I was afraid of quiet things.
Everything owes us a vibration, slight
movement, even if imperceptible
full of changing and sinuous color.

Fear is something quiet
that invites you to be in fear of oneself.

Being quiet
after the scream
by the air

frente al tiempo

vigilante
no hacer ruido

porque
nada
permanece quieto.

in front of time

vigilant
without making noise

because
nothing
remains quiet.

Y nadie sana dentro del fuego

No sabe el agua sucia dar reflejo
y nadie sana dentro del fuego.

Con mis dos manos no puedo contar el mundo.

And nobody heals inside the fire

Dirty water does not know how to give reflection
and nobody heals inside the fire.

With my two hands I cannot count the world.

El abismo.

Yo me inventé un abismo. Decidí cortar las cintas métricas que dictaban la cordura sobre mis saltos. Contener y estudiar el impulso, dibujar cada curva de ascenso y de caída en mi memoria. Me inventé un abismo. A mi abismo hay que hacerle el amor, separarlo de mis ausencias y alejarlo de las quebradas; y dejarlo al sol, que se caliente, que sequen esas sangres que de eterno lo horadan y tallan.

A mi abismo le quedan tan solo tres caídas. Tras ello perderá sus vidas y no habrá más vértigo. No sentirán la presión mis tripas, ni el mareo será la traducción perfecta a su coriolis borracha de incertidumbres.

Tengo un abismo al que beso cada noche, muchas tardes, segundos repetidos de minutos que marcharon. Es un agujero, una cicatriz, un brazo amputado que siempre pica en su extremo.

El abismo que tengo es un compañero predecible.

Tengo un abismo con muy pocas ganas de ser llano. Quiere ser torrente mudo en el pleno salto.

Yo escribí un abismo que me inventa, a cada caída, en un vuelo raso de palabras.

Hay que detener el tiempo, hay que parar el vuelo en seco, para entender a mi abismo. Para explicarlo hay que lanzarlo con rabia contra las ganas de uno mismo.

The abyss

I invented an abyss. I decided to cut the tape measures that were dictating sanity on my jumps. Contain and study the impulse, draw each curve of ascent and fall in my memory. I invented an abyss. One must make love to my abyss, separate it from my absences and take it away from the ravines; and leave it in the sun, to warm, to dry those bloods that from eternity pierce and carve it.

My abyss has three falls left. After that it will lose its life and there will be no more vertigo. My guts will not feel the pressure, neither will dizziness be the perfect translation to its drunk Coriolis with uncertainties.

I have an abyss that I kiss every night, many afternoons, repeated seconds of minutes that marched. It is a hole, a scar, an amputated arm that always stings at its end.

The abyss I have is a predictable companion.

I have an abyss with very little desire to be flat. It wants to be a silent torrent in full jump.

I wrote an abyss that invents me, at each fall, in a flight filled with words.

One must stop the time, one has to stop its flight in midair, to understand my abyss. To explain it you must throw it with rage against one's own desires.

Enunciado

Lo de afirmar está sobretasado y prácticamente limitado

a una nube virtual piroclástica

consumidora de todo y a una mayor velocidad

                de a la que fue creado.

Años de placas tectónicas en fricción,

        migrando, bajo la tapa de los sesos.

Ideas, pues, orgánicas, parte turba y parte esencia inflamable

              comburente para un fuego extinto antes
del baile de la llama.

Statement

The affirmation is overstated and practically limited

in a virtual pyroclastic cloud

consumer of everything and at a greater speed

                         from that which it was created.

Years of tectonic plates in friction,

             migrating, under the cover of brains.

Ideas, then, organic, part peat and part flammable essence

                 comburent for an extinguished fire
preceding the flame's dance.

Tu nombre

Pierdes tu nombre
cada vez que atrapas la realidad con palabras
con delicada caricia,
tuya la voz a mi piel soldada
con la que te acercas a mí
en cada momento en que paseas
los pies descalzos
sobre la hierba húmeda
y esa cebada, aún sin grano
aún débil en la tierra estriada.

Pierdes tu nombre
cuando tratas de recordarme
cubriéndote de besos y de sueños
con la inocencia de quien no ha sufrido pérdida
ni gozado placer prestado
ni olvidado la brutalidad con que la vida
en impúdicos y pornográficos autos de fe
suele tratarnos, de sarna y hambre
a los perros de calle, de sed de amor preñados.

Pierdes tu nombre
cada vez que me insultas entre dientes
cuando lo deseas a él, sucia caída
de bragas y expectativas, y lo sabe
en cada humedecerse tu piel forzado,
en no mirarse a los ojos
y en el retorcer tu ropa al apartarla
arañándote el sexo por tu nombre
agostando el páramo para mí sembrado.

Pierdes tu nombre
en cada uno de mis pasos, cerrados
los círculos en la nieve, a puñados,
apuntando con el odio a ningún sitio
sazonadas las veces, en las orillas del pantano
concentrando el interés en ningún lado

Your name

You lose your name
each time you trap reality with words
with delicate caress,
yours is the voice welded to my skin
with which you approach me
in every moment you walk
barefoot
on the wet grass
and that barley, yet without grain
still weak in the striated land.

You lose your name
when you try to remind me
as I cover you with kisses and dreams
with the innocence of one who has never suffered loss
nor enjoyed borrowed pleasure
nor forgotten the brutality with which life
in impudent and pornographic *autos de fe*
usually treats us, scabies and hunger
to the street dogs, pregnant with thirst for love.

You lose your name
every time you insult me between teeth
when you desire him, dirty fall
of panties and expectations, and he knows
in each moistening of your forced skin,
in not looking himself in the eye
and in twisting your clothes when he removes them
scratching your sex by your name
weakening the wasteland for me sown.

You lose your name
in each of my steps, closed
circles in the snow, in handfuls,
pointing with hatred to nowhere
seasoned times, on the banks of the swamp
concentrating the interest nowhere

y una pizca, amor no dado, sobre una marea de sal y barro
por si me siguieras las huellas
con tus huellas, sobre cristal, de pie descalzo.

Pierdes tu nombre
en cada intento de acordarme,
de juramentos con mirada sujetos,
tus palabras como clavos
en cada invierno dura yema del pasado,
un viento en cada poco, en mi memoria
eternamente en mis mañanas,
así un deseo maduro y triturado:
cien pasos sobran para un grito desangrado.

Pierdes, voluptuoso, tu nombre
así a traición, sin lamentarte.
No hay reproche ni venganza,
ni un disputar las joyas, ni memorias,
porque de lejos las risas no se oyen,
los caballos de cartón de la niñez están castrados,
y no hay nada más que soledad
soledad muda, desnuda y virgen,
en el rincón más habitado.

and a pinch, love not given, over a tide of salt and mud
in case you follow my footprints
with your footprints, on glass, standing barefoot.

You lose your name
in every attempt to remind me,
of oaths held with a gaze,
your words like nails
in each winter the heavy yolk of the past,
a wind in each tiny bit, in my memory
eternally in my mornings,
thus a mature and crushed desire:
one hundred steps are enough for a bleeding scream.

You lose, voluptuous, your name
thus to treason, without lamenting.
There is no reproach or revenge,
nor a dispute over the jewels, or memories,
because in the distance the laughter cannot be heard,
the cardboard horses of childhood are castrated,
and there is nothing but loneliness
loneliness mute, naked and virgin,
in the most inhabited corner.

Conquistarla

Debo conquistarla día a día
siendo mejor que el otro que aún no conoce
y convirtiéndome en una anticipación de su risa
de su escalofrío y de su estremecimiento.
Hacerle el humor cada vez que ella se torne gris
y derretir sus polos, hasta los magnéticos
y dejarle la brújula despistada
esa que siempre apunta al desierto helado
en que parece que prefiere vivir
antes que conmigo pisándole la sombra.

Conquistarla, noche a noche
susurrándole gritos de asombro
maniatándola de bruces y cruces
estancándola en un sueño nuevo cada vez
que el Sol, aletargado, se le esconde.
Quitarle de en medio los moscones
esos mentirosos que parecen águilas reales
despachados, despechados y empeñados en atenazarle
los hielos
con sus curvados depredadores picos
y sus penas
que atrapan más que garras.

Conquistarla, tarde a tarde
en cada paseo, olor a hierba fresca,
a lluvia, casi salpicándonos las prisas
y las risas, en alocada explosión silenciosa
cada vez que empapamos un lunar con una gota
aleatoria, despistada, suicida, estrellada
contra su inmensidad minúscula de marcas tenues
en la piel.
Añadirle suave tacto y perfume a su idea
desbocada y torrentera
de que las piedras de la vida son menos piedras, si pulidas
viajadas, rodadas, besadas y abrazadas,
hechas también mías, compartiéndole la carga.

To conquer her

I must conquer her day by day
being better than the other she does not know yet
and becoming an anticipation of her laughter
of her chill and her shudder.
Make her mood every time she turns gray
and melt her poles, even those magnetic
and leave her compass clueless
the one that always points to the frozen desert
in which she seems to prefer to live
instead of me stepping on her shadow.

Conquer her, night after night
whispering her cries of amazement
handcuffing her with faces and crosses
stranding her in a new dream every time
that the sun, lethargic, is hidden.
Remove her from the mingle of jerks
those liars that appear like golden eagles
dispatched, disgusted and bent on gripping
the ice
with their curved predatory beaks
and their sorrows
that catch worse than claws.

Conquer her, afternoon to evening
in each walk, smell of fresh grass,
in rain, almost splashing our rush
and the laughter, in crazy silent explosion
every time we soak a mole with a raindrop
random, clueless, suicidal, starry
against its tiny immensity of faint marks
on the skin.
Add a soft touch and perfume to her idea
rampaged and stormy
that the stones of life are less stones, if polished
traveled, rolled, kissed and embraced,
made also mine, sharing the load.

Conquistarla, instante a instante
conquistarla eternidad a eternidad
conquistarla tozudo y con descaro
con discreción y pertinencia
indefectible, con esmero
sin titubeos, acelerado
siempre presente, inesperado,
en caída libre hacia su abismo.

Conquer her, instant by instant
conquer her eternity to eternity
conquer her stubbornly and with impudence
with discretion and pertinence
indefectible, with care
without hesitation, accelerated
always present, unexpected,
in free fall towards her abyss.

Pensamiento en retirada

Me acerco a ti en tu retirada
porque no quiero que olvides
ni pierdas en tu alocada huida
la dulce y cálida idea
de que un día fuimos
el mismo recuerdo de hoy.

Retreat thinking

I approach you in your retreat
because I do not want you to forget
nor lose in your crazy flight
the sweet and warm idea
that one day we were
the same memory of today.

Insomnio y culpa

Beber noche
Ebrio de oscuridad
Hielo negro

Crujir de pasos o de dientes
en sombras de boca abierta
ciegas de palabras
descargadas de aliento
secas
huelen a muerto
huelen a espera

Cloaca de preguntas sin respuesta
o peor
trinchera de cadáveres repleta
como verdades comprendidas
y no aprendidas nunca.

Beber noche

alargada la negra ausencia
castrada de Brazos y Besos

Mal.llámala noche
más que infierno.

Insomnia and guilt

Drink night
Drunk with darkness
Black ice

Crunching of steps or teeth
in open mouth shadows
blind of words
discharged of breath
dry
they smell of dead
they smell of wait

Sewer of unanswered questions
or worse
trench of corpses full
as truths understood
and never learned.

Drink night

lengthened the black absence
castrated of Arms and Kisses

Mis.name her night
more than hell.

Receta XXXII para combatir el mal insomnio

Mire hacia el infinito
con los ojos cerrados,
piense tres veces nuestros nombres
póngales un fondo estrellado
y una música plácidamente silenciosa;

mézclelo con una pizca de fantasía
y suéñelo hasta la ebullición.

Sáquelo de la vigilia
antes que se queme
y adórnelo
con la improvisada libertad
de ir años caminando
en el mismo rumbo
en que el azar,
infortunado o sonriente,
persigue su vida.

No lo agite.
Inhálelo con grandes inspiraciones,
llenas de ternura
y paciencia.
Y si así no causa el onírico efecto deseado,
realice un roce extenso y pausado
de mis mejores deseos
por su piel inocente
y llena
        de maravillosas oportunidades
de ser besada.

Recipe XXXII to fight bad insomnia

Look towards infinity
with eyes closed,
think our names three times
put them on a starry background
and a placidly silent music;

mix it with a dash of fantasy
and dream it to a boil.

Remove it from its vigil
before it burns
and adorn it
with the improvised freedom
of years walking
on the same course
in which chance,
unfortunate or smiling,
pursues your life.

Do not shake it
Inhale it with great inspirations,
full of tenderness
and patience.
And if that does not cause the desired dream effect,
perform an extensive and deliberate brush
of my best wishes
over your innocent skin
and full
      of wonderful opportunities
of kissing her.

En éste último caso,
no está de más,
cuente con la ayuda de un experto
-o experta-
en el amor en mitad de la oscura e insomne noche.
Nunca dejan piel a la casualidad
si no es a la del beso distraído.

On this last case,
is not bad,
counting on the help of an expert
-or wise woman-
in love in the middle of the dark and sleepless night.
Never leave skin to chance
unless to one of a distracted kiss.

II (Escapada a NY)

El sol corta las ramas y las nubes
y la sombra las pega
amalgamándolas en racimos pardos.

El sol y la sombra
cortan la vista entornándome los ojos
robándome los colores que recuerdo
de niño todos correteando
por mis tardes estivalmente perdidas.

El sol y la sombra cortan Manhattan,
me devuelven la soledad con campanas y brisas en East Village
me dan la libertad que me robo.

El sol quema mi piel
y la sombra tu recuerdo,
lo calcina, cenizas con olor a sándalo,
a viejo.

Pies descalzos en el asfalto
la luz del sol los llena de apestado alquitrán.
Sombra separando cuerpos
que fluyen al son de corrientes de música.

Paz que arropa nuestras sombras separadas
engañando a la tristeza
excusándonos de ser felices
a pesar de tener todas las razones tendidas al sol,
como nuestras sombras,
esperando siempre a secarse
y quizá volar espantadas como el polvo de harina
cuando nos estornuda cerca la vida
o un niño
o un vendaval
o la muerte
o el sol
u otra sombra.

II (NY Getaway)

The sun cuts the branches and clouds
and the shadow hits them
amalgamating them in brown clusters.

The sun and the shadow
cut my sight by squinting my eyes
stealing the colors that I remember
as a child all running around
in my afternoons summerly lost.

The sun and the shadow cut Manhattan,
return me to the loneliness with bells and breezes in East Village
they give me the freedom that I steal.

The sun burns my skin
and the shadow your memory,
it calcinates it, ashes with the smell of sandalwood,
of old.

Bare feet on the asphalt
the sunlight fills them with stinking tar.
Shadow separating bodies
that flow to the sound of music streams.

Peace that wraps our shadows apart
cheating sadness
excusing us from being happy
despite having all the reasons lying in the sun,
like our shadows,
always waiting to dry
and maybe fly frightened like flour dust
when it sneezes close to life
or a child
or a gale
or death
or the sun
or another shadow.

Otoño de Ulises

A menos ropa entre las ramas de tu enebro,
a menos distancia, arcéstida dulce,
belleza encastrada en un roce
besos que se visten de seda suave
en color ocre craso
como pequeñas dobladas de esquina
de esa niña a la carrera
que asenderea en viento y broza,
en tirabuzones,
el camino volador de una hoja…
          así
así son los besos
              que me encuentro
        entre pasos y hojas
al doblar cada una, esquina,
que lleva a tu cuerpo

      a tu cuerpo
a tus páramos de bozo y peca
a tus vértices de leche
a tu mar denso de sal
              y estremecimiento
y al placer, regalado,
mandón y maduro   placer
          hasta en la tristeza
desde el agradecimiento
de dos guerreros   con la victoria castrada
en un otoño de supervivencia
y serena felicidad encapsulada
en un rayo de luz solar
de millón de millas enviado

A menos prisa,
de esa que el segundero exhala,
sin sombrerero loco

Autumn of Ulysses

With less clothes among the branches of your juniper,
with less distance, sweet red cedar seed,
beauty embedded in a touch
kisses that dress in soft silk
in crass ochre color
as small turning of corners
of that girl on the run
that will rise in wind and brush,
in ringlets,
the flying path of a leaf ...
        so
so are the kisses
        that I encounter
     amongst steps and leaves
at the turn of each one, corner,
that leads me to your body

       to your body
to your moors of dawn and freckle
to your milk vertices
to your sea dense of salt
          and shudder
and to pleasure, given,
bossy and mature   pleasure
        even in sadness
from the gratefulness
of two warriors   with castrated victory
in an autumn of survival
and serene happiness encapsulated
in a ray of sunlight
from a million miles sent

with less of a rush,
of that which the second hand exhales,
without the mad hatter

sin mercader, ni prudente premura
sin traje invisible
o de mojado cartón,
ni pespuntes a hilo de oro
que guarden con fina puntada
nuestro pecho aprisionado,
te finges, bordado   mi tulipán
          amarillo
¡prisa, qué prisa tienes
por desaparecer del cuadro!
decolorada y turbia
          desde arriba, furiosa
                    fingirte   ajena
concentración desocupada
disperso haz de gris sarmiento.

Y de tus valles vengo
con sus bellas aves cetreras
con su mies y calamento
plácido escorar de suelo, dulces praderas
cuestarriba y cuestabajo
todo en mi recuerdo, mi bitácora escrita
como de una vida añeja,
de tu paisaje   expulsado.
Pero   me tienes   dentro
yo a ti también
no es poco
          y te pongo en papel
del que se escribe con fuego
para que nadie te me olvide
                    ni borre
aunque uno acabe
sin perro y sin Penélope.

without merchant, nor prudent haste
without invisible suit
or one of wet cardboard,
nor basting of golden thread
that keeps in fine stitch
our chest imprisoned,
you pretend, embroidered   my yellow
        tulip
Hurry, what a hurry you have
for disappearing from the picture!
discolored and cloudy
        from above, furious
               pretending to be   someone else
unoccupied concentration
scattered beam of gray shoot.

And from your valleys I come
with its beautiful falconers' birds
with its spike and calamintha
placid inclined land, sweet meadows
uphill and downhill
everything in my memory, my blog written
as from an aged life,
from your landscape   expelled.
But   you have   me inside
an I you too
it's not little
        and I put you on paper
that which is written with fire
so nobody will forget
               nor erase
although one ends
without dog and without Penelope.

El ojo de Ulises

Ulises tenía un ojo gris azulado
y uno otro marrón.
El grisáceo era el astro,
una galaxia en expansión
llena de vida y energía,
un campo magnético y gravitatorio
para los afectos de metal
y las personalidades de peso.
Un ojo gris azulado
en el que se escribía la bitácora de su viaje
en el que se reflejaba el caballo de Troya
en el que se oían los ecos de los cantos de sirena
en el que se miraba Ajax enfrentado
y muriendo
en disputa por las armas de Aquiles.

Pero su ojo marrón
ese de un castaño profundo y dulce
ese era el que enamoraba a los amantes
como Calypso al amor queda encadenada,
o a los incautos,
ser en piedra enamorada,
como si a Medusa miraran a los ojos.
Era imposible no abrirle una ventana
a un beso, a un instante en tiempos de prisa,
a un momento de sonrisa y maravilla.
Estando expuesto a ese ojo marrón
infantil
inocente
inmenso
de un Ulises que nos regresaba
a todos y cada uno
de nuestros reinos de Ítaca.

Yo volvía a ser niño inocente.

The eye of Ulysses

Ulysses had a bluish gray eye
and one other brown.
The gray one was the star,
an expanding galaxy
full of life and energy,
a magnetic and gravitational field
for metallic affections
and weighty personalities.
A bluish gray eye
in which the blog of his trip was written
in which the Trojan horse was reflected
in which the echoes of the siren songs were heard
in which he looked at Ajax confronted
and dying
in dispute over the arms of Achilles.

But his brown eye
that of a deep and sweet chestnut
that's the one that lovers fell in love with
as Calypso to love remained chained,
or the unwary,
to be a stone in love,
as if they looked Medusa in the eyes.
It was impossible not to open a window
to a kiss, to an instant in times of haste,
to a moment of smile and wonder.
Being exposed to that brown eye
childish
innocent
immense
of a Ulysses returning to us
all and everyone
from our kingdoms of Ithaca.

I was an innocent child again.

Cuervo
(San Francisco)

I

Hay un cuervo muerto en Grant Avenue
es un cuervo sin plumas
casi polluelo
un proyecto de elegante cuervo negro
que ha quedado en una cara desfigurada
rosácea y aplastada
como pasada por un desierto
seca.

II

Hay un cuervo muerto entre Market Street
y Linden
mirándonos desde abajo
con la vista hueca
de himenóptero repleta
deshaciéndose en dudas
por nuestros pasos entre charcos,
no hace frío.

III

Hay un cuervo muerto dentro de mi cabeza
ríe, desplumado, grotesca piel rosa,
en dos dimensiones ocupa
el lugar que el polvo y la broza
alimenta en mi pecho
y anida de ti en mí
con su panza hinchada
y sus pies descalzos
cubiertos tan solo por garras
de avechucho polluelo muerto.

Raven
(San Francisco)

I

There is a dead crow on Grant Avenue
It is a crow without feathers
almost a chick
a project of an elegant black crow
that has been left in a disfigured face
pinkish and crushed
as if passed through a desert
dry.

II

There is a dead crow between Market Street
and Linden
looking at us from below
with the hollow sight
of full hymenopter
troubled by doubts
of our steps among puddles,
it is not cold.

III

There's a dead crow inside my head
laughs, plucked, grotesque pink skin,
in two dimensions it occupies
the place dust and fluff
nourish in my chest
and nests from you to me
with its swollen tummy
and its bare feet
covered only by claws
of hideous dead chick.

IV

Hay un cuervo muerto dentro de tu pecho
me pertenece entero
con sus plumas que le faltan
con su vida que fue
con su alma que llora
                                  todo es mío
el lugar oscuro entre estrellas y perfumes
abierto solo para esas mis tristezas
que haces tuyas (y alimentas)
con la fe puesta en que tornen
sueños de polluelo aún en el nido.

V

Hay un cuervo muerto mirándonos perplejo
flotando en la nada inexistente
que duda de su presencia
y de la nuestra
reflejo de azares y desvíos
presa de oscuras formas en el agua
salpicado de lluvia y soledades
esperando encogerse con el tiempo
tapando con su pobre cuerpo cuervo
humanas oquedades.

IV

There is a dead crow inside your chest
it belongs to me whole
with its missing feathers
with its life that was
with its soul that cries
                                       everything is mine
the dark place between stars and perfumes
open only for those my sorrows
that you make yours (and feed)
with the faith that they will turn
chick dreams still in the nest.

V

There is a dead crow looking at us perplexed
floating in nonexistent nothingness
who doubts its presence
and ours
reflection of hazards and detours
dam of dark shapes in the water
dotted with rain and solitude
waiting to shrink over time
covering up with his poor raven's body
human hollows.

El borracho en Public House

Le amaneció a destiempo
y le descubrió
la luz, inundado de palabras
obtusas y superlativas
de cálida gasa iridiscente
y silenciosas
mucho antes del alba.

Me miré las manos
no estaban
no eran mías
      invisibles.

Miré mis piernas
no pesaban
no había
      invisibles.

Miré mi vientre
y su presencia
era pura sangre
      invisible.

Traté de gritar,
de llorar,
de arañarme
todo   invisible.

Entendí por fin;
dejó de mirarme
y a pesar de su fe
paré mi camino
aletargado
por el valle.

The drunkard at Public House

Dawn was at the wrong time
and a light discovered him,
flooded him with words
obtuse and superlative
of warm iridescent chiffon
and silent
long before sunrise.

I looked at my hands
they were not there
they were not mine
      invisible.

I looked at my legs
weightless
they were not
      invisible.

I looked at my belly
and its presence
was pure blood
      invisible.

I tried to scream,
to cry,
to scratch myself
all   invisible.

I understood at last;
he stopped looking at me
and in spite of his faith
I stopped in my way
torpid
down the valley.

Ya no me busco
en otra silueta
que la del reflejo
de mí, en sus recuerdos,
y trago
amarga
helada la cerveza.

Entre él
y yo
hay una fina pared
labrada con los nombres de los ausentes
que nos amaron
o apartaron en repudio.

I do not look for myself anymore
in another's silhouette
that of the reflection
of me, in his memories,
and drink
bitter
the frozen beer.

Between him
and I
there is a thin wall
carved with the names of the absent
who loved us
or set us aside in repudiation.

La partida

No puede olvidar el Zierzo (*)
por eso vuelve al regazo del Moncayo
a los otoños rojos, pardos y negros
de los inolvidables Monegros
ni al susurro rumoroso del Ebro
y al dulzor de los frutales
al Cariñena y su garnacha
con su cálida muchacha
a susurrarse de por vida.
¡Van a vivir
juntas sus manos!
Los deseos del presente
con presentes de repente
súbitos abrazos sinceros
la ternura en los besos lo primero;
La copa fría
verdades sin ropa
mañanas desnudas
inviernos atrapados tras la ventana
Dante volviendo del infierno
juntos de la mano
de toda culpa y condenas liberado
lágrimas de amor apasionada la sonrisa
cantada por su voz y su palabra

justo dada por su mano.

Retazos de canciones de Diego Escusol
(*) Cierzo. En el original, licencia.

The leaving

He can not forget the Zierzo (*)
that's why he returns to the Moncayo's lap
to red, brown and black autumns
to the unforgettable Monegros
nor the murmur of the Ebro
and the sweetness of fruit trees
to Cariñena and its grenache
with its warm girl
to self-whisper for life.
They will live
with their hands together!
The wishes of the present
with presents suddenly
sudden sincere hugs
the tenderness in the kisses first;
The cold cup
truths without clothes
naked mornings
winters trapped behind the window
Dante coming back from hell
hand in hand
of all guilt and sentences released
tears of passionate love the smile
sung by his voice and his word

just given by his hand.

Pieces of Diego Escusol songs
(*) Cierzo. In the original, license.

Black Premonition Recipe

Take the minimum space between breath
and breath
and break it down in small pieces
(stunted breath does not count).

Separate the dreams from the soul seizures,
stir slowly
with the volatile effervescence of two muted shouts.

Put them all together, in a deep sauce pan,
under the pillow.

Let time go by between 400
and 400 plus a pound degrees.

Bake the mixture and spread it, after all,
throughout your forgotten memories.

That's it: a bad premonition is ready to go.

Receta para premonición negra

Tome el espacio mínimo entre aliento
y aliento
y quiébrelo en pedazos pequeños
(respiración cortada no cuenta).

Separe los sueños aparte de las convulsiones del alma,
agite lentamente
con la efervescencia volátil de dos gritos enmudecidos.

Póngalos todos juntos, en una sartén profunda,
bajo la almohada.

Deje pasar el tiempo entre 400
y 400 más una libra de grados.

Hornear la mezcla y extiéndala, después de todo,
sobre tus recuerdos olvidados.

Eso es todo: una mala premonición está lista para consumir.

La embajada de Damastes

Hoy han descuartizado a un hombre.
No era inocente,
pero tampoco culpable.

¿En qué pedazo han encontrado los verdugos
la venganza,
la redención,
la justicia,
o la sed saciada?

Hay hombres que son península de terror.

Ellos no descansan
y el mal es aleación sin brillo
con cada porción de su ser.

Damastes sigue vivo
y hoy descuartizó a Teseo.

El mal les hace inescrutables
al bisturí del taxidermista.

Todo ocurre en una ciudad
alejada de Chicago
en mi siglo
alejados de la mitología
y enterrados en una realidad cruel
donde el Minotauro pace imperturbable,
entre cadáveres vestales.

The Embassy of Damastes

Today they have butchered a man.
He was not innocent,
but not guilty either.

In what piece have the executioners found
the revenge,
the redemption,
the justice,
or thirst quenched?

There are men who are a peninsula of terror.

They do not rest
and evil is a dull alloy
with each portion of their being.

Damastes is still alive
and today he quartered Theseus.

Evil makes them inscrutable
to the taxidermist's scalpel.

Everything happens in a city
far away from Chicago
in my century
far away from mythology
and buried in a cruel reality
where the Minotaur paces imperturbably,
amongst vestal corpses.

Calles perdidas

Mis palabras son calles
de direcciones cambiantes
enmarañados cruces
atestados parques.

Mis palabras son ciudad vieja
aldea humilde
pequeña plaza en una villa olvidada
y suerte de suburbano enhebrado en el alma.

Mis palabras son pocas,
hermanas de mis hermanos,
susurros para iniciados
y gritos para los ausentes.

Amo los laberintos del lenguaje
en los que transitamos
para encontrarnos
los que vivimos perdidos.

Lost streets

My words are streets
of changing directions
tangled crossroads
crowded parks.

My words are an old city
humble town
small square in a forgotten village
and luck of a suburban threading in the soul.

My words are few,
sisters of my brothers,
whispers for initiates
and screams for the absent.

I love the labyrinths of language
in which we travel
to find each other
those of us who live lost.

Persistes

Y a cada vuelta de la esquina: buscándote.
Y tú: persistentemente ausente en la acera
Y yo: perfeccionista en el recordarte
haciéndote presencia absoluta en mi mente,
venga a buscarte.
Y venga.
Y venga.
Y venga a no encontrarte, salvo en desafortunadas casualidades,
que de mi mente han borrado tu presencia
para construirle una alcoba a medida a tu recuerdo.
En eso estoy ahora,
en dibujarme un mapa de pasos perdidos
por aceras desiertas
en las que nada a ti me llevan.

¡Qué molesto se me hace no encontrarte
a pesar de serme omnipresente!

Persist

And around every corner: looking for you.
And you: persistently absent on the sidewalk
And me: perfectionist in remembering you
making you an absolute presence in my mind,
in loop looking for you.
And again.
And again.
And again I do not find you, except in unfortunate coincidences,
that from my mind have erased your presence
to build an alcove tailored to your memory.
In that I am now,
in drawing a map of lost steps
on deserted sidewalks
in which nothing takes me to you.

How annoying it is for me not to find you
despite you being omnipresent!

Para entonces

Miro en este calendario las anotaciones
del último mes, y parece
un tiempo feliz,
lleno de anécdotas y belleza.

Los motivos para celebrar son tantos,
que sólo cabe admitir que la tristeza
anida en mí, no en el pesaroso mundo
que me observa

con mis ojos
taciturnos.

By Then

I see in this calendar the annotations
of the last month, and it seems to be
a happy time,
full of anecdotes and beauty.

The reasons to celebrate are so many,
that one can only admit that sadness
nest in me, not in the gloomy world
that watches me

with my
taciturn eyes.

Desde el hospital Centegra

Yo vuelvo muerto.

Querido hijo, yo ya vuelvo muerto.
He terminado por entender la enfermedad,
abrazándola,
y al tiempo, innegociable,
y he perdonando a los muertos,
y a los supervivientes,
y a los que no saben
si arden de juventud o están ya secos.

Hay que comprender que la muerte no es más
que la causa de una ausencia. Sin tristezas.

Vengo dado de la mano de la falta,
de la carencia, de la desesperanza y
con la garganta suave
puedo susurrar toda la belleza,
los recuerdos de una vida
y la serenidad del que ya sabe.

Porque yo ya lo sé.
No es malo volver ya muerto.
Uno vuelve envuelto en la certeza,
en la tranquilidad de quien no aturde
los días con excusas.
Uno ya se envuelve en el abrazo
de su padre muerto.

Muchos van, inertes, y no dicen el aire.
No hablan a quienes aman.
No reconocen a los que les esperan,
ni saben que sus nombres
ya son restos
con voz quebrada,
ya reflejo,

From the Centegra hospital

I come back dead.

Dear son, I return already dead.
I have finished understanding the disease,
embracing her,
and at the same time, non-negotiable,
and I have forgiven the dead,
and the survivors,
and those who do not know
if they burn with youth or are already dry.

You have to understand that death is no more
than the cause of an absence. Without sadness.

I come hand in hand of lack,
deficiency, hopelessness and
with a soft throat
I can whisper all the beauty,
the memories of a life
and the serenity of one who knows.

Because I already know.
It is not bad to come back already dead.
One returns wrapped in the certainty,
in the tranquility of one who does not stun
the days with excuses.
One is already wrapped in the embrace
of his dead father.

Many go, inert, and do not tell the air.
They do not speak to those they love.
They do not recognize those who wait for them,
nor do they know their names
they are already remains
with a broken voice,
already reflection,

desde el agua bautismal,
o desde las manos, las caricias y las nanas,
desde la sed del pecado
desde la redención que nos duerme dentro.

Leo la vida en las fotografías,
en los pequeños objetos, los talismanes
y las cartas de amor,
en las postales, las tarjetas de felicitación,
y hasta en las esquelas y las lápidas.
Me cuentan también sus historias los que me preceden
y los que me seguirán,
desde sus retratos en las casas vacías y desde
sus camas de hospital, sus trincheras,
sus prótesis herrumbrosas,
desde sus miedos
mientras están lejos.

¿Por qué entonces lamentarse al regresar
hecho un cadáver convencido,
desbordantes las palabras justas, afiladas,
ciertas, sin preguntas huérfanas?

Yo ya no.
Yo vuelvo muerto, bajo una bandera,
acribillado a excusas disparadas a quemar piel.
Vuelvo en un sarcófago de metal transparente,
abrazado a tu nombre.
Querido hijo, yo ya vuelvo muerto.
No estés triste.
Vengo envuelto en certeza,
como tenía al mirarte
al instante de tu parto.

Mi mediocre incertidumbre,
mi latido discontinuo,
tiene vida,
todo,
gracias a ti.

from the baptismal water,
or from the hands, the caresses and the lullabies,
from the thirst for sin
from the redemption that sleeps within us.

I read the life in the photographs,
in small objects, the talismans
and the love letters,
on postcards, greeting cards,
and even in the obituaries and on tombstones.
Those preceding me also tell me their stories
and those who will follow me,
from their portraits in empty houses and from
their hospital beds, their trenches,
their rusty prostheses,
from their fears
while they are away.

Why then regret returning
transformed into a corpse convinced,
overflowing the words precise, sharp,
certain, without orphan questions?

I do not anymore.
I come back dead, under a flag,
riddled with excuses fired at burning skin.
I return in a transparent metal sarcophagus,
embracing your name.
Dear son, I am already dead.
Do not be sad.
I come wrapped in certainty,
such as I had when looking at you
at the moment of your delivery.

My mediocre uncertainty,
my broken heartbeat,
has life,
all,
thanks to you.

Volar

Y, con las prisas,
olvidó
que la sangre
ata
    venas
        corazón
            y vida.

Ay, tu noestar
es hogar
para ecos
de palabras
de amor
    escritas
        para volar
            sin pudor.

To fly

And, in the rush,
he forgot
that blood
ties
    veins
        heart
            and life.

Oh, your nonbeing
is home
for echoes
of words
of love
    written
        to fly
            without shyness.

febrero

Odio febrero.

Es frío.

El aire es amargo.

Los planetas se alinean.

Hacen suyas mis palabras y mías sus ausencias.

Odio febrero,
                aunque vuelva.

February

I hate February.

It is cold.

The air is bitter.

The planets are aligned.

They make my words theirs and mine their absences.

I hate February,
           although it returns.

(...) escribiendo

No me gustan las palabras no dichas.
Por eso te las decía.

Y escribía cosas como (...) "sé que estás viendo los puntitos de escribirte el mensaje" (...) escribiendo (...) escribiendo (...) escribiendo (...) "y que te resulta incómodo, porque no quieres recibir mensajes míos. Pero me gusta esta pequeña venganza sin sentido." (...) "Que no sepas si te escribo para decirte que te añoro, que te deseo, te quiero o qué coño" (...) "y mientras tú, ahí, viendo los puntitos;" (...) "los tres." (...) escribiendo (...) escribiendo (...) escribiendo (...) "Y ¿sabes qué?" (...) "En tu puta vida te van a querer como yo, y te lo mereces" (...) "pasarás, como los tres puntitos," (...) "y nunca lo sabrás, porque sólo te has sentido incómoda con" (...) "los tres putos puntitos" (...) "y tú pensando" (...) "¿Qué estará escribiendo este pesado?" escribiendo (...) escribiendo (...) escribiendo (...).

No me gustan las palabras no dichas.
Por eso las borré todas antes de enviarlas.

(...) escribiendo

(...) writing

I do not like unspoken words.
That's why I told them to you.

And I wrote things like (...) "I know you are seeing the little points of writing the message to you" (...) writing (...) writing (...) writing (...) "and that you find it uncomfortable because you do not want to receive messages from me, but I like this little revenge without meaning. " (...) "That you do not know if I am writing to tell you that I miss you, that I want you, I love you or what the fuck" (...) "and while you, there, watching the dots;" (...) "the three." (...) writing (...) writing (...) writing (...) "And you know what?" (...) "In your fucking life you will never be loved like I did, and as you deserve" (...) "you will pass, like the three little dots," (...) "and you will never know, because you only have felt uncomfortable with "(...)" the three fucking little points "(...)" and you thinking "(...)" What is this bore writing? " writing (...) writing (...) writing (...).

I do not like unspoken words.
That's why I deleted them all before sending them.

(...) writing

amor, sexo y posesivos
(el malhablado)

- Me tienes que enseñar a usar los posesivos.
- Vale... pues como un condón...
- Nunca lo había visto así.

Esto va de amar sin posesivos,
va de follar sin condón.

Esto va de nosotros, no de ellos;
ellos son diferentes
todos tan iguales.

Se desnudan, se miran
no se huelen
se tocan
se excitan y cuando quieren hacerlo
arrancan el posesivo por la punta:
mía, mío, nuestro,
y lo desenrollan hasta la base del sexo.

Yo amo sin posesivos
no mía
no tuyo
no nuestro
me gusta sentir que no me guardo nada
ni me protejo
ni pierdo el tiempo en agarrar
los posesivos (mía)
con la punta de los dedos
y no te desenvuelvo, deslizándote,
sobre la piel de mi sentimiento erecto.

Tócame.
No mía,
no tuyo,
no nuestro.

love, sex and possessives
(the foul-mouthed)

- You have to teach me how to use possessives.
- Ok ... just like a condom ...
- I've never seen it like this before.

This is about love without possessives,
about fucking without a condom.

This is about us, not them;
they are different
all so equal.

They get naked, they look at each other
do not smell
they touch
they get excited and when they want to do it
rip the possessive from the tip:
mine, mine, ours,
and unroll it to the base of sex.

I love without possessives
not mine
not yours
not ours
I like to feel like I do not keep anything
nor protect myself
I do not waste time grabbing
the possessives (mine)
with fingertips
and I do not unwrap you, sliding you,
over the skin of my erect feeling.

Touch me
Not mine,
not yours,
not ours.

Que amen con condón o no
depende de ellos.
Elijo no usar posesivos:
Yo te desnudo, te miro
te huelo
te toco
te excito y cuando quieres tenerme
te amo en ello.

- Eres un loco inconsciente.
- Vale... pues levanto mi copa y bailo por ello...
- Nunca lo había visto así.

That they make love with a condom or without depends on them.
I choose not to use possessives:
I undress you, I look at you
I smell you
I touch you
I excite you and when you want to have me
I love you in it.

- You are an unconscious madman.
- Ok ... well, I raise my glass and dance for it ...
- I've never looked at it like this before.

envuelve

El abrazo que todo envuelve
ha venido a visitarme.

Hoy me he alimentado
copiosamente;
vestido
vivido en el hielo que todo envuelve
en este Illinois parado en el tiempo

He comido de esas sonrisas
que nos regalábamos
devorado hasta hartarme,
las caricias dulces que quedaron
apretado mi pecho desnudo
contra un cristal helado
esa lámina que separa
sentir
     y pensar.

El abrazo que todo envuelve
se ha quedado el hueco
que dibujó tu huida
entre mis brazos.

Wraps Up

The embrace that envelops all
has come to visit me.

Today I have nourished
copiously;
Dressed
lived in the ice that envelops all
in this Illinois stopped in time

I have eaten of those smiles
that we gave ourselves
devoured until fed up,
the sweet caresses that remained
pressing my bare chest
against an icy crystal
that sheet that separates
feeling
      and thinking.

Of the embrace that envelops
all has remained the hollow
that your flight drew
in my arms.

Hoy toca mirarnos de lejos

Bella Amelia:

Hoy toca, de lejos, mirarnos
y hoy tocan esos viejos besos,
besos, sin tregua, sin darse, hacinados
en la ausencia,
en un oscuro celo nuevo
de olor acre y un tanto tostado,
de viuda que llora un retrato,
como de sangre perdida de madre
beso, que no volverá al útero,
llanto rítmico al uso
de tacones en pasos de baile,
adornados por saltos febriles;
todo recuerdos
que revolotean por mi cabeza
como un mudo enjambre
de versos viejos y olvidados.

Hoy nos toca el insomnio
al Principito, al Quijote y al zorro,
en recuerdo de su desierto
de su piel bella tatuada con ecos
de palabras prestadas y huecas,
y de globos volando al viento,
de colores mordidos robados
de mi pobre piel de oso cazado
ay, mi insomnio y mi sueño
mi naturaleza salvaje sin dueño
como un triste poema
abatido, en la trampa
dulce, tonto y domesticado.

Esos besos no dados,
que calentarán nuestras risas
de reencuentros secretos con prisas,
de mensajes de infantil impaciencia

Today we must look at each other from afar

Bella Amelia:

Today calls for seeing each other, from afar
and today calls for those old kisses,
kisses, without truce, without giving, crammed
in the absence,
in an obscure new zeal
of acrid smell and somewhat toasted,
of a widow who cries a portrait,
as a mother's lost blood
kiss, that will not return to the uterus,
rhythmic crying at use
of heels on dance steps,
adorned by febrile jumps;
all memories
that flutter through my head
like a mute swarm
of old and forgotten verses.

Today calls for insomnia
the Little Prince, the Quixote and the fox,
in memory of her desert
of her beautiful skin tattooed with echoes
of borrowed and hollow words,
and of balloons flying to the wind,
of bitten stolen colors
of my poor hunted bear hide
Oh, my insomnia and my dream
my wild nature without owner
like a sad poem
dejected, in the trap
sweet, silly and domesticated.

Those kisses not given,
that will warm our laughter
of secret reunions in a rush,
of messages with childish impatience

con miradas furtivas
en primitivo morse
        taconeados.

Hoy toca recordar quién fuera
la parte de mí ya muerta
el valor del morir en besarte
y la caricia sutil, escondida,
en el quicio de tu puerta;
toda duda sangrando en la esquina
asfixiada en abrazos de vida,
que acaba por desangrarse,
o devorarle el hambre al caníbal,
y entre tú y yo:
la ausencia compartiendo
       el hambre de vida.

with furtive looks
in a primitive, stomped,
        Morse code.

Today calls for remembering who was
that part of me already dead
the value of dying in kissing you
and the subtle caress, hidden,
in the gateway of your door;
all doubt bled at the corner
suffocated in hugs of life,
that ends up bleeding,
or devouring the cannibal's hunger,
and between you and I:
sharing the absence
    the hunger for life.

Palabra-Mariposa

Mariposa, toca mi mano
en su mano, y ven
reposa.
Observa la belleza
del calor de tu gesto
con canto de Licaón

que te lame el pecho.
Sáname de mi quemarnos
amamántame
regálate un desvivir
olvida, reposa, espera.

Prometo pintarte,
en la caída libre
del ídolo del vértigo,
aprendiéndome los pliegues
de tu retórica,
siamesa de aljófares,
cosida con sedas
impresa de abracijo en piel,
dérmica manera de recordarme
que hielas y quemas.

Mariposa, has sido
capullo aletargado
camino en nieve de luz blanca cubierta
y sendero de arena entre arenas al viento
y aún así, te he seguido
parábasis
pasos acompasados
que se hacen eco,
del quiasmo de tu sombra
y de mi anhelo.

Butterfly-Word

Butterfly, touch my hand
in her hand, and come
rest.
Observe the beauty
of the warmth of your gesture
with song of Lycaon

that licks your chest
Heal me of our burnings
breastfeed me
give yourself a longing
forget, rest, wait.

I promise to paint you,
in the free fall
of the idol of vertigo,
learning the folds
of your siamese
rhetoric pearls,
sewn with silks
printed of embraces on skin,
dermal way of remembering me
that you ice and burn.

Butterfly, you have been
a lethargic cocoon
trail in snow of white light covered
and sand path between wind swept sands
and still, I followed you
parabasis
rhythmic steps
that make themselves echo,
of the chiasmus of your shadow
and of my longing.

Llevo tu mirada, de cristal,
sin afecto en distinguirnos
ni en tenernos
por entre el bosque de pizarras
y de tizas;
catábasis,
dibujándote entre ecos
del baladro al blasmo
afinado el canto:
ese hueco en el hueco.

Hay una mariposa
liberándose de mi garganta,
de atragantados aleteos,
anábasis,
de sentimiento rebotado
sonando en lo oscuro del ego
como el crótalo silente
despertando, me perdono,
desesperada y cierta ausencia,
me perdono la impaciencia del silencio.

I take your gaze, of crystal,
without affection in distinguishing us
nor in having us
through the forest of slates
and of chalk;
catabasis,
drawing you between echoes
from the abasement to the shriek
the song in pitch:
that hole in the hole.

There is a butterfly
freeing herself from my throat,
of choked flutter,
anabasis,
of feeling bounced
sounding in the dark of the ego
like the silent rattle
waking up, I forgive myself,
desperate and certain degree of absence,
I forgive the impatience of silence.

Amor volátil

Hay un billete afilado, clavado sobre el mueble seco, como el eco de un disparo de fogueo, humo veteado sobre la madera, a modo ritual burdo, augurio de lluvia celeste.

Se inventa la luz un navaja vieja que corta un Cosmos de tiempo, que amasa la carne flácida de madre con manos sucias y en grieta. Hay mapas de horror y de agua, con la raíz en la sombra de un copo de nieve seca. Una caricia, un corte, una caricia, un corte.

Es la magia de un motel con la piel enhebrada en los dedos, tejiendo los rumbos del vello, señalándonos la órbita de las manchas en la piel, de un extraterrestre rumbo, incandescente viaje, de los que desmembran núcleos y devuelven a la infancia.

En la boca, nos rechina la esperanza y se seca un humo que nos preña los sentidos, sabor de saliva borracha, de pitillo compartido, de rosario profanado, humedecido. Una oración, tos de Dios y la gente, que no se siente el corazón, ni la cara, ni el vientre.

Estás en cada pulsación, como si fueras el eco de un retumbe propio, sonajero crepitante en una ducha de pared de corcho y suelo de timbal, tripa tensa de animal ya muerto.

Rimas de agua terminadas en silencio; se acaban tras tus gritos, con tu advertencia de que todo el universo estalla entre tus muslos, sin permiso ni remedio.

Me limpio. Te prometo amor por un tiempo.

Lucho por no desenhebrarme y busco más dinero en la billetera.

Mientras, te diluyes en éter, desclavas los cincuenta dólares y te cruzas con la órbita de otro cometa, de otro nombre, de otra caricia, de otro deseo, de otra cartera.

Volatile love

There is a sharp bill, stuck on the dry piece of furniture, like the echo of a blank shot, veined smoke on the wood, in a crude ritual mode, augury of celestial rain.

Light has invented by an old razor that cuts a Cosmos of time, which kneads the flaccid flesh of mother with dirty cracked hands. There are maps of horror and water, with the root in the shadow of a dry snowflake. A caress, a cut, a caress, a cut.

It is the magic of a motel with the skin threaded in the fingers, weaving the avenues of the hair, pointing out the orbit of the spots on the skin, of an extraterrestrial course, incandescent journey, of those that dismember nuclei and return to childhood.

In the mouth, hope wafts by us and a smoke dries up that pregnates our senses, a taste of drunken saliva, shared cigarette smoke, profaned rosary, moistened. A prayer, cough from God and people, that does not feel the heart, or the face, or the belly.

You are in each pulsation, as if you were the echo of your own a rumble, rattle clicking in a cork wall shower and its timbale floor, tense gut of animal already dead.

Water rhymes finished in silence; ending after your screams, with your warning that the whole universe explodes between your thighs, without permission or remedy.

I clean myself. I promise you love for a while.

I fight to not untangle and look for more money in my wallet.

Meanwhile, you dilute yourself in ether, unnail the fifty dollars and you come across the orbit of another comet, another name, another caress, another desire, another wallet.

Te dejé el dinero en la mesilla.

Sigo atento a la tarifa, al Cosmos, al gueto, al Holocausto, al cielo y al infierno. Y no recuerdo tu nombre, por más que lo intento.

I left the money on the nightstand.

I remain attentive to the rate, to the Cosmos, to the ghetto, to the Holocaust, to heaven and hell. And I do not remember your name, no matter how hard I try.

Pez globo japonés
(visita al acuario)

Tuve la oportunidad de ser un pez invisible

venenoso y olvidado por la luz

y el aire

y dediqué todo mi tiempo

a luchar contra la corriente

haciendo del veneno belleza

y trampa, como esta vida, efímera.

Fui un pez de metal

vencido por la sal,

todo yo soy hueco y óxido.

Japanese Fugu Fish
(visit to the aquarium)

I had the opportunity to be an invisible fish

poisonous and forgotten by light

and air

and I devoted all my time

to fight against the current

turning poison into beauty

and aritifice, like this life, ephemeral.

I was a metal fish

beaten by salt,

I am all hollow and rust.

agujero

Con las puntas de los pies encorvadas
al borde del agujero
con el miedo a caer
a no pensar más que en el agujero
dentro del agujero.

Con la pena de no ser parte de la luz
con el enjambre en el pecho
con el zumbido perezoso
con la luz incandescente proyectando
tu sombra en la sombra
del agujero.

Con los labios sonriéndole al agujero
y con los ojos comiéndosele la negrura profunda
con el agujero dentro del agujero
tragándose todos los pequeños párvulos
que de alguna manera jugaban a ser adultos
desde niños
en cada agujero
dentro de cada agujero
dentro de un pecho hueco
insatisfecho.

Con el silencio marcando el camino
de ida sin vuelta
de respuesta bajo el agua
de caricia sobre cadáver
mirada encontrada en mirada fea
desde la fiebre de cristal
para cada agujero
fuera de otro agujero
en cada sentimiento
hueco.

hole

With the tips of the feet bent
on the edge of the hole
with the fear of falling
to think no more than of the hole
inside the hole.

With the pain of not being part of the light
with the swarm in the chest
with the lazy buzz
with the incandescent light projecting
your shadow in the shadow
of the hole.

With lips smiling at the hole
and with eyes eating the deep blackness
with the hole inside the hole
swallowing all the little toddlers
that somehow played at being adults
since childhood
in each hole
inside each hole
inside a hollow chest
unsatisfied.

With silence marking the way
of going without return
of response underwater
of caress on corpse
look met by ugly look
from the glass fever
for each hole
out of another hole
in each feeling
hole.

Así es mi agujero,
un vacío lleno de pies abrazando sus bordes
dedos encorvados, como abriéndole la boca
al agujero
para hacerlo más agujero
más dolor
menos vano huero.

Such is my hole,
a vacuum full of feet hugging their edges
fingers bent, as if opening the mouth
to the hole
to make it more hole
more pain
less empty hollow.

Atrapar versos

Hay una palabra urgente, violenta
clavándose el pecho de los caracoles
en los dientes de león, en las arrugas.
Es una palabra aguja, afilada, de mercurio
venenosa y oxidada, tan brillante,
con tildes en todas las letras.

Hay una palabra leve, cansada
despegándose de su raíz y lema,
cimbreante y casi hueca,
categórica en su mundo de susurro seco
de plumas y con colores suaves
dejándose morir al sol.

Hay una red de pastor, una colmena vacía,
haciendo una caverna húmeda
para tanta palabra holgada,
salvaje,
perforada por verdades,
digna de ser domada.

Hay una palabra puente,
entre mi memoria y tu olvido.

Me incomodan los silencios
y remueven, como a ti, me hacen daño,
y los encierro en palabras
anticipado entierro
de mediocridad sin duelo.

Una trampa para versos,
llena de resentimiento
llamada palabra.

To catch verses

There is an urgent, violent word
piercing the chest of the snails
in the dandelions, in the wrinkles.
It's a harsh word, sharp, of mercury
poisonous and rusty, so bright,
with accents on all the letters.

There is a soft, tired word
departing from its root and motto,
swaying and almost hollow,
categorical in its world of dry whisper
of feathers and with soft colors
letting itself die in the sun.

There is a shepherd's net, an empty hive,
making a humid cavern
for all such loose words,
wild,
pierced by truths,
worthy of being tamed.

There is a bridge word,
between my memory and your oblivion.

Silences bother me
and stir, as to you, they hurt me,
and I lock them in words
anticipated burial
of mediocrity without mourning.

A trap for verses,
full of resentment
called word.

Empezar

Atardece
ola de luz que te arropa,
cálida y sosegada
en su huida
rozándote y despidiéndose;
y la vida sigue dándote regalos:
el olor de la cebada
en tus manos
y, recién preñada de la hoz,
la judía fresca en tu mandil;
y una voz alejada de ti
que reclama tu presencia,
como un recuerdo,
te sostiene sobre un pie, esa voz
mientras el otro te equilibra
en dirección opuesta
apuntando al olvido.

Pies descalzos
paso de bailarina niña,
salta con la mirada
niña de mirada anciana
suavidad en la tristeza,
anciana de cuerpo joven
tatuado de arrugas rectas
y cicatrices, como el campo
con surcos rectos,
arrancados al suelo por bestias,
y de tu piel, por hombres.

Si tu piel roza el suelo
la madre toca a la madre
y encuentro el lugar donde quedarme
esperando que pase el invierno
a tu sombra
con el sol del atardecer de fondo
arropándote, manta roja

Start

Dusk
wave of light that dresses you,
warm and calm
in its flight
grazing you and saying goodbye;
and life continues to give you gifts:
the smell of barley
in your hands
and, newly pregnant from the sickle,
the fresh bean in your apron;
and a voice away from you
who claims your presence,
as a memory,
it holds you on one foot, that voice
while the other balances you
in the opposite direction
pointing to oblivion.

Barefoot
step of a child ballerina,
jumps with the look
child of ancient gaze
softness in sadness,
old woman with young body
tattooed with straight wrinkles
and scars, like the field
with straight grooves,
ripped off the ground by beasts,
and from your skin, by men.

If your skin grazes the ground
the mother touches the mother
and I find the place to stay
waiting for winter to pass
in your shadow
with the sunset background
wrapping you, a red

y delicada, en su huida,
arropándonos
con su solemne promesa
de que volverá mañana,
justo al alba
y todo será de nuevo
empezar.

delicate blanket in its flight,
wrapping us
with its solemn promise
that it will return tomorrow,
just at dawn
and everything will be again
a beginning.

Parto del sueño

Esa noche, luna creciente,
le separó de su brillo, limpia
la más negra oscuridad llena
con esos torpes empujones
amables e inoportunos
haciéndole doler los párpados.

El reflejo tejido en gris,
ese espejo en nebulosa,
nunca sabré por qué,
le devolvía la imagen
brillante útero preñado
de la ausencia de tu luz.

Un hijo, vástago heredero
engendrado entre preguntas
dependiente de sus dudas,
contingente indispensable,
como necesitar respirarte,
se aproxima al alba imperturbable.

Y sonrío y me abrigo
en lo profundo de la noche
al polimorfo invisible
hecho de humo vacío,
con una imagen de ti difuminada,
negra y encinta.

Cuando la luz se extinga,
perderá el interés en volver,
o en devolverte colores,
pero sin odio;
nada de traicionar
la bella muerte del día
inundando ocasos de luces.

Birth of the dream

That night, on crescent moon,
separated from her brightness, clean
the darkest blackness filled
with those clumsy pushes
kind and inopportune
making the eyelids hurt.

The reflection woven in gray,
that mirror in nebula,
I will never know why,
it returned the image
bright pregnant uterus
by the absence of your light.

A son, heir offspring
begotten between questions
dependent on his doubts,
indispensable contingent,
like needing to breathe you,
approaches the imperturbable dawn.

And I smile and I wrap clothe myself
deep in the night
to the invisible polymorph
made of empty smoke,
with an image of you blurred,
black and pregnant.

When the light is extinguished,
it will lose interest in returning,
or in returning colors,
but without hatred;
nothing to betray
the beautiful death of the day
flooding the sunsets with light.

Te prestará tintes en polvo
para mezclarlos con lluvia
y anclarlos a todos tus sueños,
quimeras encadenadas,
leontina umbilical cósmica
robado el recién nacido
a la oscuridad diáfana
de un sueño a medio gestar.

It will lend you powdered dyes
to mix them with rain
and anchor them to all your dreams,
chained chimeras,
cosmic umbilical chain
the newborn stolen
from the diaphanous darkness
of a dream halfway completed.

Wall of blues

Those black balloons
brought me back to colored,
light memories,
tied to buried feelings
still burning in between ashes.

Not all is a track on the dust,
but a light tail on the dark sky.

Can you see the wall?
Close your eyes
dream and
suck it up.

Pick a small piece of shining life, put it on a fine hair, and create a map of he present with it. After all, wrap it up with other memories and share with your own soul.
That's the recipe for a life full of blues.

El muro del blues

Esos globos negros
me trajeron de vuelta a los coloridos,
luminosos recuerdos,
que atados a sentimientos soterrados
aún arden entre ascuas.

No todo es huella sobre el polvo,
más bien un rastro de luz en el cielo oscuro.

¿Puedes ver el muro?
Cierra los ojos
sueña y
supéralo.

Toma una pequeña pieza de brillante vida, añádele un fino cabello y traza un mapa de tiempo presente con ella.
Después de todo, enróllalo con otros recuerdos y compártelo con tu propia alma.
Esa es la recta para una vida llena de blues.

Liquid Blues.

1 de abril

"Mira la botella, acercándose a sus labios. Vierte vida y olvido. Mira mi botella, oscura, y lame su cuello, obsceno y estrepitoso, como la bofetada al niño, dejando que todas las piedras contenidas en el alcohol te eleven, todo lo más profundo, dentro de la canasta de huevos, esa pendular en el brazo de una Caperucita de labios rojos y grandes heridas carmesí. Brechas vacías de sangre, llenas de dientes y sida. Aún así, más profundo entraría en ella."

Hay una mujer en la barra, todos la miran, la miramos todos, nos apropiamos de ella sin tocarla, la atamos, nombramos, gritamos, sin el ruido, sin la voz.

Hay una mujer sentada, bebiendo, como si le fuera una piedra en cada trago. No se puede volar con tanta piedra en los bolsillos. No quiere.

Hay una mujer entre hombres que no saben volar y que decapitan esperanzas y razones; quieren construirle un hogar de roca, edificándoselo en los bolsillos, para que pueda buscar al tacto y en gesto apartado de cualquier mirada, cualquier rastro de abrigo. Este hogar es su condena, en lo que no es cielo, ni libertad, ni amor.

Hay una mujer en la barra, con alcohol en los labios, piedra en los bolsillos, hiel en las venas. Todos queremos destriparla, vaciarla y rellenarla con nuestros cuerpos fofos de hombres necios.

Hay una mujer dentro de esa mujer. Es mi madre, es mi hija, es libre sólo si no nos mira a nosotros, los hombres malos.

Hay una mujer que es casi sombra en el mismo bar que los lobos, que desaparece en el hielo del vaso, en la gota de vaho, en la música sorda que no trae ningún recuerdo, en el bar, en la suciedad que dejamos los hombres que no sabemos volar.

Liquid Blues.

April 1st

"Look at the bottle, approaching lips, pouring life and forgetting, look at my bottle, dark, and lick its neck, obscene and loud, like slapping the child, letting all the stones contained in alcohol raise you, everything deeper, inside the basket of eggs, that pendulum in the arm of a Little Red Riding Hood with big crimson wounds, gaps empty of blood, full of teeth and AIDS. Even so, deeper would enter it.

There is a woman in the bar, everyone looks at her, we all look at her, we appropriate her without touching her, we tie her, we name her, we scream, without the noise, without the voice.

There is a woman sitting, drinking, as if she were a stone in each drink. You cannot fly with so much stone in your pockets. She does not want.

There is a woman among men who cannot fly and who decapitate hopes and reasons; they want to build a rock home, building it in their pockets, so that they can look for a touch and in a gesture away from any look, any trace of shelter. This home is your condemnation, in what is not heaven, nor freedom, nor love.

There is a woman at the bar, with alcohol on her lips, stone in her pockets, gall in her veins. We all want to gut it, empty it and fill it with our flabby bodies of foolish men.

There is a woman inside that woman. She is my mother, she is my daughter, she is free only if she does not look at us, bad men.

There is a woman who is almost shadow in the same bar as the wolves, who disappears in the ice of the glass, in the drop of steam, in the deaf music that brings no memory, in the bar, in the dirt that men who do not know how to fly leave behind.

Hoy, buscar belleza en la barra es tanto imposible como encontrarla en el pecho de los borrachos que acechan a la mujer vacía, la que no quiere volar, la que llena su garganta de piedras, trago tras trago, hasta vaciar una botella más.

Today, looking for beauty in the bar is as impossible as finding it in the chest of the drunkards who stalk the empty woman, the one who does not want to fly, the one who fills her throat with stones, drink after drink, until she empties another bottle.

El primer mito

Puedo escribir seis Biblias,
un Testamento Antiguo
y un Apocalipsis nuevo.

Eso no se dice,
eso no se toca,
eso no se hace,
eso no se come,
eso no se dobla,
eso no se vive,
eso no se tose.

Si me dejas el tiempo de convertir la tinta en aire
y aprendes a leer del blanco entre todo lo negro,
puedo darte los Nuevos Mandamientos:
eso no se guarda,
eso no se rompe,
eso no se salva,
eso no se aferra,
eso no se espera,
eso no se besa,
eso no se acaba,
eso no se mueve,
eso no reluce,
eso no se muere,
eso no renace.

The first myth

I can write six Bibles,
an Old Testament
and a new Apocalypse.

That is not said,
that is not touched,
that is not done,
that is not eaten,
that is not bent,
that is not lived,
that is not coughed.

If you allow me the time to turn ink into air
and you learn to read from the white among all the black,
I can give you the New Commandments:
that is not kept,
that does not break,
that is not saved,
that is not clung to,
that is not hoped for,
that is not kissed,
that is not finished,
that is not moved,
that does not shine,
that does not die,
that is not reborn.

Since I

since I have memory, you will be gone
all things will break down
the Sun will point our shapes and cut our shadows
the seconds will take part of our days
our breaths will need clear sights on foul eyes
all will be explained by those who won the fight
everything will be vanished vanity

since I remember, I forgot and stayed.

but it is only since I was lost,
the first and the only one:
since I was
a blind cliff on a foreign sea.

Desde que yo

desde que recuerdo, te habrás ido
todas las cosas se descompondrán
el Sol apuntará nuestras formas y cortará nuestras sombras
los segundos tomarán parte de nuestros días
nuestras respiraciones necesitarán vistas claras en ojos repugnantes
todo será explicado por aquellos que ganaron la pelea
todo será vanidad desaparecida

desde que recuerdo, lo olvidé y me quedé.

pero es solo desde que estuve perdido,
el primero y el único:
desde que yo era
un acantilado ciego en un mar extranjero.

Aforismo I

El olvido escribe todos sus versos en agua.

Aphorism I

Oblivion writes all its verses on water.

Con agradecimiento / With gratitude.

El autor agradece el trabajo, ayuda y apoyo de las siguientes personas, sin cuyo esfuerzo este libro nunca habría sido posible:

A Miguel López Lemus, editor; a Federico Palomera, Diego Asensio Sánchez, Nancy Eike y, sobre todo, a Cathy Cartland, por revisar y complementar la traducción; a Marcos Gómez, "el Rey de Woodstock", y a Margarita Todorova, por sus revisiones y correcciones.

...

The author is grateful for the work, help and support of the following people, without whose effort this book would never have been possible:

Miguel López Lemus, editor; Federico Palomera, Diego Asensio Sánchez, Nancy Eike and, above all, Cathy Cartland, for reviewing and complementing the translation; Marcos Gómez, "the King of Woodstock", and Margarita Todorova, for their revisions and corrections.

Sobre el autor / About the author:

Álvaro Hernando (Madrid, España, 1971) es maestro y licenciado en Antropología Social y Cultural (especializado en lingüística evolutiva y en los fenómenos de lenguas en contacto). Ejerció como periodista en diferentes medios en España y actualmente se dedica a la docencia en el distrito escolar de Harvard. Cuenta entre sus publicaciones con los poemarios *Mantras para Bailar* (Pandora Lobo Estepario Productions, Chicago, 2016) y *Ex-Clavo* (Karima Editora, España, 2018), y fue uno de los 37 escritores participantes en el libro homenaje a Federico García Lorca *Poetas de Tierra y Luna. Homenaje a Federico García Lorca: Reedición de Poeta en Nueva York* (Karima Editora, España, 2018). Como autor, ha formado parte de la antología de cuentos *Cuentos @* (Magma Editorial, España, 2019). Es colaborador habitual en diferentes medios de España y EEUU, en los que publica ensayos, artículos y relatos.
Este poemario bilingüe, *Chicago Express*, supone su primer trabajo en el mercado angloparlante.

Álvaro Hernando (Madrid, Spain, 1971) is a teacher and graduate of Social and Cultural Anthropology (specializing in evolutionary linguistics and in the phenomena of languages in contact). He worked as a journalist in different media in Spain and is currently teaching in the Harvard School District. He counts among his publications the poetry books, *Mantras for Dancing* (Pandora Lobo Estepario Productions, Chicago, 2016) and *Ex-Clavo* (Karima Editora, Spain, 2018), and was one of the 37 writers participating in the book tribute to Federico García Lorca *Poetas of Earth and Moon. A tribute to Federico García Lorca: Reedition of Poeta en Nueva York* (Karima Editora, Spain, 2018). As an author, he has been part of the short story anthology *Cuentos @* (Magma Editorial, Spain, 2019). He is a regular contributor to a number of diverse media in Spain and the US, where he publishes essays, articles and stories.
This bilingual poetry collection, *Chicago Express*, is his first work in the English-speaking market.

ÍNDICE / INDEX

Chicago Express	4
Dependiente / Clerk	10
Dientes de tinta / Ink Theet	14
Treinta y nueve eclipses / Thirty-nine Eclipses	16
Rastro negro / Black Trail	20
Por puro gris / For Grayness Itself	26
Insomne / Insomniac	28
Álgebra del 8 / Algebra of 8	30
Un pecado / A Sin	36
Labios quietos / Still Lips	38
Ítaca lenta / Slow Ithaca	40
Pentecostés / Pentecost	42
Alcohol	44
Luces / Lights	46
Ébano / Ebony	48
Siete hombres / Seven Men	50
Casa / Home	52
La muerte, la cama / The Death, The Bed	54
La reunión / The Reunion	56
Cierta paz / A Certain Peace	58
Ensoñación en Michigan Av. / Dreaming in Michigan Ave.	60
If you are living this / Si estás viviendo esto	62
Hoy pinto como Hopper / Today I Paint As Hopper	64
Calle Hayward con South desde mi ventana / Hayward Street With South From My Window	66
Anuncio en East Madison St. / Advertisement In East Madison St.	68
El amor en el metro de Chicago / Love in the Chicago Subway	70
Subway net	74
Kintsugi	78
Los abrazos que aprende Maria / The Hugs That María Learns	82
Invierno en las pisadas / Winter In The Footsteps	86

Abandono / Abandonment	88
Extravío / Loss	90
Derrota / Defeat	92
Tristeza / Sadness	94
Velatorio / Wake	96
Somos / We Are	98
Destinado / Destined	100
El perro que le habla al cielo /	
The Dog That Speaks to the Sky	102
Acta est fabula, plaudite!	104
Euthanasia	106
Que el frío nos muerda / Let the Cold Bite Us	108
Estar quieta / Being Still	110
Y nadie sana dentro del fuego /	
And Nobody Heals Inside the Fire	116
El abismo / The Abyss	118
Enunciado / Statement	120
Tu nombre / Your Name	122
Conquistarla / To Conquer Her	126
Pensamiento en retirada / Retreat Thinking	130
Insomnio y culpa / Insomnia and Guilt	132
Receta XXIII para combatir el mal de insomnio	
Recipe XXIII to Fight Bad Insomnia	134
II (Escapada a NY) / II (NY Getaway)	138
Otoño de Ulises / Autumn Of Ulysses	140
El ojo de Ulises / The Eye of Ulysses	144
Cuervo / Raven	146
El borracho de Public House /	
The Drunkard at Public House	150
La partida / The Leaving	154
Black Premonition Recipe /	
Receta para premonición negra	156
La embajada de Damastes /	
The Embassy of Damastes	158
Calles perdidas / Lost Streets	160
Persistes / Persist	162
Para entonces / By Then	164
Desde el hospital Centegra /	
From Centegra Hospital	166

Volar / To Fly	170
febrero / February	172
(…) escribiendo / (…) writing	174
amor, sexo y posesivos / Love Sex and Possessives	176
envuelve / Wraps Up	180
Hoy toca mirarnos de lejos / Today we have to look at each other from afar	182
Palabra-Mariposa / Butterfly-Word	186
Amor volátil / Volatile Love	190
Pez globo japonés / Japanese Fugu Fish	194
agujero / Hole	196
Atrapar versos / Catch Verses	200
Empezar / Start	202
Parto del sueño / Birth of the Dream	206
Wall of blues / El muro del blues	210
Liquid Blues	212
El primer mito / The First Myth	216
Since I / Desde que yo	218
Aforismo I / Aphorism I	220
Con agradecimiento / With gratitude	222
Sobre el autor / About the author	223

Chicago Express

Álvaro Hernando-Freile

Blog: Vae Victis - www.alvarohernando.com

Titulo/Title: Poemas Chicago Express
Autor/autor: Alvaro Hernando
Imagen de portada/Cover: Miguel López Lemus
Traductor/Translator: Various, varios.
Editor: Miguel López Lemus (Editorial Pandora Lobo Estepario)

EDITORIAL
Pandora Lobo Estepario Productions™
http://www.loboestepario.com/press
Chicago/Oaxaca

www.ingramcontent.com/pod-product-compliance
Lightning Source LLC
Chambersburg PA
CBHW060151050426
42446CB00013B/2764